# 道法经营

李文明　柴伟斌　李鲲鹏 ◎ 著

经济管理出版社
ECONOMY & MANAGEMENT PUBLISHING HOUSE

图书在版编目（CIP）数据

道法经营/李文明，柴伟斌，李鲲鹏著 . —北京：经济管理出版社，2020.4
ISBN 978 - 7 -5096 -7081 -1

Ⅰ.①道…　Ⅱ.①李…②柴…③李…　Ⅲ.①中华文化—应用—企业管理—研究
Ⅳ.①F272

中国版本图书馆 CIP 数据核字（2020）第 060599 号

组稿编辑：胡　茜
责任编辑：胡　茜　詹　静
责任印制：黄章平
责任校对：张晓燕

出版发行：经济管理出版社
　　　　　（北京市海淀区北蜂窝 8 号中雅大厦 A 座 11 层　100038）
网　　址：www. E - mp. com. cn
电　　话：（010）51915602
印　　刷：三河市延风印装有限公司
经　　销：新华书店
开　　本：720mm×1000mm/16
印　　张：15. 25
字　　数：265 千字
版　　次：2020 年 8 月第 1 版　　2020 年 8 月第 1 次印刷
书　　号：ISBN 978 - 7 - 5096 - 7081 - 1
定　　价：59. 00 元

# 前　言

　　"道"是中国古代哲学的重要范畴，老子最先把"道"看作是宇宙的本质和普遍规律。

　　在中国历史上，老子是极富有中国式智慧的人。

　　老子说："致虚极，守静笃。万物并作，吾以观其复。夫物芸芸，各复归其根。归根曰静，是谓复命。复命曰常，知常曰明。不知常，妄作，凶。知常容，容乃公，公乃全，全乃天，天乃道，道乃久，没身不殆。"

　　老子的此番言论，道尽了世间万物的运行规律，也全面表述了为人做事应该坚守的根本道理。

　　做人要尽力达到心灵空明的极致，坚守清静的最佳状态。有了这种状态，当万物都在蓬勃生长时，我们就可以从中观察它们的循环往复，探寻极致的奥妙。

　　尽管万物纷繁众多，但是最终都将回归其根本。回归根本就可以称之为清静，而清静当中孕育着新的生命。孕育新生命是自然的正常法则，懂得这一法则便会心灵澄明。

　　如果不懂得自然法则，胡作非为，则必然要遭遇凶险。

　　如果懂得自然法则，那就能做到包容，做到了包容就会公正坦荡，公正坦荡了以后就能周全，周全以后就能符合天理。

　　符合天理就合于道，合于道便能长久存在，终生不会遭遇危险。

　　如果用八个字来概括老子的这番思想，那就是"大道至简，道法自然"，如果由此引申出一个结论，那就是为人要守"道"，做事要循"道"。把这个思想引入现代企业经营就是做企业要遵"道"而行。

　　"道"很重要，但是要从何处取"道"呢？为此老子说"执古之道，以御今之有"。

这句话的意思是掌握着自古就有的道，就可以驾驭当今世界的万事万物。

孔子说："我非生而知之者，好古，敏以求之者也。"

这句话的意思是我不是天生就掌握知识的人，而是爱好古代文化，勤奋敏捷地追求到了知识的人。

孔子又说："述而不作，信而好古，窃比于我老彭。"

这句话的意思是只阐述典籍而不进行创作，相信而且爱好古代文化，我私下把自己比作是商朝贤大夫老彭。

老子和孔子是中国极伟大的两个贤人，他们的思想是中国哲学和中国文化的根源，而他们之所以能够成为贤人，之所以掌握了天下大道的一个重要原因就是因为他们好学，而且喜欢向古人学习。

今人谁能超过他们两个人的智慧和学习水平？

应该没有。

老子和孔子是这么做的，也是如此说的。今人是不是应该向他们学习，向他们一样认真学习古代文化？

在中国，谁是古代文化的集大成者和代表者？

当然主要是以上所说的两位：一位是老子，另一位是孔子。

此外还有孙子及姜太公、黄石公、管子等众多前辈大贤。

向老子学习，可以读《道德经》，老子把他的毕生所学完全融入这本书中。

向孔子学习，可以读《论语》，孔子及其杰出弟子的思想精华全部汇聚于此。

向孙子学习，可以读《孙子兵法》，这是中国乃至世界史上伟大的兵书战策，其中所载之智慧无人能及。

向老子学习，主要学习的是道，是天地之道，是领导之道，是为人之道。

向孔子学习，主要学习的也是道，是各种道，包括人才之道、做事之道、学习之道、交往之道等。

以上所论之大道和各种小道都是企业发展所需要的，也是能够从老子和孔子那里学到的。

只是学道还不行，还要学法，还要学习把道应用于实际的方法，这就得向孙子请教了。

《孙子兵法》十三篇，每一篇当中都包含着大量的智慧，将这些智慧引用到现代企业管理过程当中，就会生成大量的企业之法，其内容极其丰富。

有人会问，老子、孔子、孙子以及中国古代大贤们没有经营过产业，也没有从事过商业，怎么会教我们道法经营。

回答是：道者，除了是路径、是原则、是规律、是规则以外，它更多的是道理也。

知道了道理，还有什么事情不能做、不会做。

换而言之，有了领导之道、人才之道、为人之道、做事之道、学习之道和交往之道以后，还会不清楚企业之道吗？

法者，方法也。

《孙子兵法》讲述的都是饱含大智慧的做事方法，而有智慧的做事方法还存在过时与不过时之说吗？

向古代大贤学习道法经营是智者所为。

智慧之学，存乎一心，运用于事，必然会生成很多具体的事例。

本书在全面解读老子、孔子、孙子管理智慧的同时，列举了大量欧美知名企业的案例，借以说明：这些大贤们的思想不仅可以用，而且还可以世界通用。

个人用之，可以成个人之功。

企业用之，可以成基业之功，并且可以成大功。

本书共分作两篇。上篇讲"企业之道"，也就是解读以老子和孔子为代表的古代大贤们对于道的理解，以及这种理解对于领导现代企业、管理人才、学习进步、为人做事、与人交往等方面的指导价值。

下篇讲"企业之法"，也就是全面解读《孙子兵法》十三篇的精妙要义及其在现代企业经营管理过程当中的具体应用。

"企业之道"共分六章：

第一章是"领导之道"，主要内容包括领导者要学会如何利他、无私和正直，领导者如何通过修身以引导手下以及需要注意的八项事情、应该坚持的八个信条，领导者的四个层次和必须要做的四件事情，领导者做事情的技巧和态度等。本章最后还引述了孔子谈论如何成为一个优秀领导的三个小故事。

第二章是"人才之道"，主要分析四位著名的古代大贤对于人才的看法。首先，分析了孔子对于什么样的人是人才的判断和界定，并解读了孔子对于人才应该如何与领导相处的观点及其应用。其次，分析了姜太公在《六韬》中提出的两大人才理念，即"志同道合、共利分享"和"利待人才、情义相惜"。再次，介绍了黄石公在《三略》中的人才之道、人才管理目标和人才管理思想与方法。最后，分析了管子的吸引人才之道和使用人才思想。

第三章是"学习之道"，学习之道必然要向孔子学习，所以本篇全面介绍了孔子及其弟子提出的学习态度、学习方法、学习对象和学习效果及它们在现实生活当中的应用。

第四章是"为人之道"，以孔子和老子的处世哲学为基础，提出并解读了七个观点，即基于孝道做一个可以让人信任的人，做一个有追求的人，做一个有德有义的人，知己知人，做一个君子、不做小人，学会知足，用辩证法指导为人处世。

第五章是"做事之道"，主要内容包括做事情要有大智慧，做事情要守礼，做事情要遵循先做后说并且多做少说的原则，做事情要有君子之风，以及做事情时要注意的七个方面。

第六章是"交往之道"，在交往之道这一章当中主要分析交友之道，通过分析交友之道以明确交往之道。交友之道主要有四个方面，即：道不同不相交，以诚信的心与朋友相交，以轻松的心与朋友相交，做益友而不做损友。

"企业之法"逐章对《孙子兵法》进行解读，因为《孙子兵法》一共十三篇，所以"企业之法"对应也是十三章，主要内容如下：

第七章解读《孙子兵法》"始计篇"，从中得到的核心启示是"全面谋划，重视细节"，具体内容分析了孙子提出的五点战略分析法、七条判断战略成熟与否的标准、对敌作战的十二诡道以及势利观和战略观等。在此过程当中，融入了大量的对于现代企业经营的理解，以及欧美知名企业的相关管理案例（注：以下各篇皆类同于此）。

第八章解读《孙子兵法》"作战篇"，从中得到的核心启示是"整合资源，慎重竞争"，具体借鉴于现代企业管理的内容可以概括为三十二个字，即：求战不易，慎战为先；及时决策，快速执行；整合资源，化为己用；人才重要，大力求才。

第九章解读《孙子兵法》"谋攻篇"，从中得到的核心启示是"知己知彼，谋求全胜"，具体内容包括孙子不战而屈人之兵的全胜思想，不战而屈人之兵的作战方略，以及"因敌决策，机动灵活"和"将才重要，赋能授权"的作战原则，此外还解读了孙子判断胜负的五点分析法及其著名的"知己知彼，百战百胜"的作战法则。

第十章解读《孙子兵法》"军形篇"，从中得到的核心启示是"做强自己，把握形势"，具体借鉴于现代企业管理的内容可以概括为四十个字，即：做强自己，以待时机；攻守兼备，进退有法；充分谋划，战则必胜；认真准备，尽占优势；实力至上，水到渠成。

　　第十一章解读《孙子兵法》"兵势篇"，从中得到的核心启示是"顺势而举，造势而为"。在此章当中，第一节是概述，第二节重点分析孙子提出的四个概念，即组织、通讯、奇正和虚实，第三节分析"以正合，以奇胜"的作战原则，第四节分析孙子"刚猛有力，快速出击"的作战思想，第五节重点解读"奇正相生，虚实结合，灵活多变"的战法，第六节全面解读什么是"顺势而举，造势而为"。

　　第十二章解读《孙子兵法》"虚实篇"，从中得到的核心启示是"虚实变化，以逸待劳"。在这一篇中，重点要解读的是孙子兵法两大作战原则，即"以逸待劳"和"致人而不致于人"，同时解读的内容还包括如何善用利害关系营造"致人"态势，如何使用多种方法调动敌人，如何出其不意，攻虚守实，以实待虚，进退有度，虚实调敌等。此外，还分析了"形人而我无形，我专而让敌分"的战法，以及情报是作战获胜的重要条件，因敌变化是作战的重要法则等观点。

　　第十三章解读《孙子兵法》"军争篇"，从中得到的核心启示是"以迂为直，抢占先机"，具体内容包括如何辩证地看待迂回和近直、获得与失去，什么是抢占先机的原则与方法，如何统一指挥，如何做到"四治"与"八不做"等。

　　第十四章解读《孙子兵法》"九变篇"，从中得到的核心启示是"通变行事，机动灵活"，孙子在这个方面的论述极其丰富，包括：在应该撤离的地方及早撤出，广泛结交朋友以建立合作关系，不做劳师远征没有结果的事情，尽快撤出容易被包围的区域，以快打快赢者通吃，走正道并选择最优路线，基于实力选择对手，有所进有所退，有所争有所不争，用可用之人且用而不疑，利中思害与害中思利，做好自己不怕竞争等。除此之外，此章还基于孙子的思想分析了高层次人才不应该犯的五种错误，以及高层次人才应该具备的六种特质。

　　第十五章解读《孙子兵法》"行军篇"，从中得到的核心启示是"知地而战，知敌而胜"，研究的重点是孙子"知地"和"相敌"两大思想，包括在四种地形上应该如何作战，行军作战的原则和方法，三十二种相敌之术，以及作战取胜的四大要素和强化内部管理等。

　　第十六章解读《孙子兵法》"地形篇"，从中得到的核心启示是"知所进退，完善自己"，主要内容包括三个方面：其一是知地形而后知进退；其二是知道自己弱点并将之转化；其三是胜战三原则。针对第一个方面的内容，此章做了六点分析,即:始终领先他人一步;了解敌情,然后打竞争对手一个措手不及;谋长远之利,不被对手牵制;先下手为强,努力做大自己的长板;知所进退,不以身犯险;全力追求与人合作。针对第二个方面的内容,此章梳理了六个方面的观点,即不要以弱击强、不要纪律涣散、不要吝啬在人员培养方面的投入、要及时消除高层团队当中可能存在的矛盾、要慎重选拔高层领导、高层领导必须全面掌握关于企业发展的内外信息。胜战三原则是:有担当有能力的高层次人才可以得到充分授权;爱兵如子,但不可骄纵;全方位掌握情报对于作战胜利至关重要。

第十七章解读《孙子兵法》"九地篇",从中得到的核心启示是"因地制宜,相机制敌",主要内容包括三个方面:其一是在九种地形上如何作战,以及在类似于这九种地形特点的市场上如何竞争;其二是作战获胜的八大法则;其三是作战获胜重点和路线图。针对第一个方面概括的核心思想是"知九地,成大功",具体应用包括:在散地要统一意志、在轻地要重视团队的作用、在争地不一定要争、在交地上可以寻求合作、在衢地上要广交朋友、在重地上要扩张自己的实力、在圮地上不要恋战、在围地上要谋划突围、在死地上要速战。作战获胜的八大法则包括:使敌被动;善于取利,善于用利,不做无用之功;打击敌方要害;速度是决定胜负的关键;在敌力范围内作战时要坚持一定的原则;建立利益共同体;为大将者要冷静、多谋、公正无私而且善于管理;因地制宜,因人制宜,机动灵活。此章最后分析了孙子提出的作战获胜重点和路线图。

第十八章解读《孙子兵法》"火攻篇",从中得到的核心启示是"目标导向,专业做事",主要内容包括成大事的三个要点、获胜的四个原则、火攻的三点启示,以及追求战胜者更加强大的目标和基于利害关系的判断、慎重看待作战等。

第十九章解读《孙子兵法》"用间篇",从中得到的核心启示是"信息知敌,情报致胜",这一章全面阐述了重视情报和重视情报人员的必要性,深入分析了获取情报的五种方法,并提出了努力获取大情报的目标和要求。

本书的目的和价值就在于深入解读以老子、孔子、孙子为代表的中国古代大贤智慧,然后将之应用于现代企业经营管理。

此外,借助本书的写作还希望传达这样一个信息,即企业经营虽然是一件复杂的系统工程,但是其中却内含着最为朴素的道理,这些朴素的道理才是企业运营的根本。离开了这些根本,企业将难以长久获得成功。

本书的特点在于以下几个方面:

(1) 注重应用性。此书是向古代大贤学习道法经营,而不是翻译这些大贤们的经典著作，因此，是否可以应用于现代企业经营，就成为选择他们哪些思想作为进行解读的依据。在解读的过程当中，注重结合现实生活，注重其真实的应用价值是此书的终极目标。

（2）注重系统性。此书在选择大贤们的思想进行解读时，除了甄别其可用与否以外，还尽量保持了他们著作内容的系统性。尤其是在解读孙子兵法时，不仅对全文进行了解读，而且针对每一篇的每一部分内容都进行了分析。

（3）注重可读性。虽然本书适合企业管理方面的专业研究生和 MBA 学生阅读，但是其定位的目标群体主要还是企业家和企业管理人员，所以它不是教科书，通俗易读是它的特色之一。

（4）注重普适性。本书在写作的过程中，努力挖掘的是可以通用于现代企业经营和管理的"道"和"法"，普遍适用性是本书追求的目标。为了更加深入地体现这种普适性，书中还列举了很多欧美优秀企业的案例，以证明此书研究结论不仅适用于中国企业，而且也适用于外国企业，或者已经被外国企业所普遍使用。

# 目　　录

## 上篇　企业之道

上篇

# 企 业 之 道

# 第一章

## 领导之道

### 一、概述

老子说："执大象，天下往。"

意思是谁奉行了大道，天下人就会归附谁。

借由老子的这个思想可以说：

企业要走大道，然后才能聚拢人才，才能获得大成功。

领导要走正道，然后才能确保企业进步，并且可持续性地发展。

企业走在大道上，领导走在正道上，企业就不会陷入困境，员工就不会迷失方向，企业与员工都不会走一走就止步不前。

这里所指的领导不是只有企业家一个，还包括其他企业高管，或者可以泛指在企业中从事管理工作的每一个人。

什么是领导之道？用老子的话讲"道可道，非常道；名可名，非常名。"

道是可知可行的，但不是恒久不变的道；名可以据实而定，但不是恒久不变的名。

领导之道自然有常规和定法，可以为每个人所了解和掌握，同时，这些规则与方法也是可以变的。

今天是基层领导，明天是中层领导，后天是高层领导；今天从事人力资源管理工作，明天分管市场营销，后天升为总裁，领导者的名分与身份也是可变的。

身份变了，所要掌握的道也就变了。

时代变了，所要应用的道也要调整。

但是，万变不离其宗。

有些思想和理念是不会变的。

所以，要"常无欲，以观其妙；常有欲，以观其徼。"

即经常保持清静无欲，可以体察其中的奥妙；经常保持有欲追求，才可以知晓道的功用。

掌握了领导之道，就可以成为优秀的领导，就可以做好企业管理的工作。

掌握了领导之道，即便今天还不是领导，明天也会成为领导。

因为，领导之道指明的就是通往领导岗位的道路，以及在领导岗位上应该选择的路径。

道就是路径。

道就是道理。

此外，道还是规则，是原则，是规律。

掌握了规律，熟悉了规则和原则，就可以能动地做事情。

领导之道畅通了，企业就没有理由不成功。

# 二、领导者要会利他

利他可以是一种目标，也可以是一种方法。

如果有利他思想的人，把利他作为目标，这样的人就是高尚的人。

如果有利他行为的人，把利他作为方法，这样的人就是聪明的人。

无论是把利他作为目标，还是作为方法，只要结果一致，就不会有人去分辨它。

做到无人分辨你的行为是真还是假时，就都是真的。

领导者一定要做聪明的人，做久了自己也会感觉高尚。

关于这一点可以看老子是怎么说的，他说："生之畜之，生而不有，为而不恃，长而不宰，是谓玄德。"

让万物生长繁衍，生养而不据为己有，使之繁盛而不自炫其能，让其成长而不充当主宰，这就是最高的美德。

有了最高的美德，就是一个真正利他的人。

可是老子又说："夫唯不争，故天下莫能与之争。"

老子把这句话送给了他的学生，周天子的王子姬匄。

姬匄不争，但却在积蓄力量。

他的两个兄弟姬猛和姬朝争得不可开交，最后两败俱伤，王位便落在了姬匄手上，他成了周敬王。

这就是不争而争。

这才是老子不争以后所要的目标。

以这样的方法取得这样的目标，是最聪明的。

愚蠢的人才会争，争得让人提防，争得让人讨厌，争得人人自危，争得面红耳赤，争得不可开交，争得组织分崩离析，最后，争得谁也没有得到，争得不欢而散。

这样有意义吗？

这样当然是没意义的。

所以，作为领导不要与手下争，不要与同事争，要有利他的意识，要多做有利于他人的事情。

最后，应该得到的一样都不会少，而且不会有人反对，也不会有人非议。

这样才是有意义的。

既利他，也利己。

而且还可以赢得更多的支持，赢得更大的发展空间，甚至可以成为更加伟大的人。

为此，老子说："贵以身为天下，若可寄天下。爱以身为天下，若可托天下。"

只有愿意忘我治理天下的人，才可以把天下交给他。只有不顾自身来治理天下的人，才可以把天下托付给他。

真心把天下都治理好了，他便拥有了天下。

懂得了这个道理的人，才会明白利他的可贵。

懂得利他可贵的人，才能够做大事情，才能够成为一个优秀的领导。

那些在世界上存在了几百年的优秀企业，其创始人都有利他的思想，而且将之贯穿于企业文化中。以下列举的是四个美国知名企业的企业使命，其字里行间都在透露着利他主义的信息：

威瑞森电信——我们公司要通过优秀的服务工作和杰出的沟通经验把客户永远放在第一位，通过重视顾客我们可以为战略合作伙伴带来稳定的回报，给我们的员工提供有挑战性的和有意义的工作机会，为整个社会提供一些可以持久存在的价值观。

汇丰银行控股公司——我们一直在把客户与机遇联系起来向上发展。我们确保生意兴隆和经济繁荣，帮助人们实现他们的愿望、梦想和他们的抱负，这是我们的角色和目标。

花旗集团——花旗集团的企业使命是作为一个可以信赖的合作伙伴，为我们的顾客负责任地提供金融服务以帮助他们能够不断地在经济上成长且有能力不断地进步。我们最核心的活动就是帮助客户保证资产的安全、向外借贷、帮助支付和评估资本市场。我们有两百年的经验帮助客户面对世界性最强挑战并为他们建构巨大的发展机会。我们是花旗集团，全球性的银行，一个可以同时把上百个国家和城市几百万人联系起来的机构。

宝洁公司——为现在和未来的世世代代，提供优质超值的品牌产品和服务，在全世界更多的地方，更全面地亲近和美化更多消费者的生活。

## 三、领导者要会无私

无私可以是一种目标，也可以是一种方法。

如果有无私思想的人，把无私作为目标，这样的人就是高尚的人。

如果有无私行为的人，把无私作为方法，这样的人就是聪明的人。

无论是把无私作为目标，还是作为方法，只要结果一致，就不会有人去分辨它。

做到无人分辨你的行为是真还是假时，就都是真的。

领导者一定要做聪明的人，做久了自己也会感觉高尚。

关于这一点可以看老子是怎么说的？他说："天长地久。天地所以能长且久者，以其不自生，故能长生。是以圣人后其身而身先，外其身而身存。非以其无私邪？故能成其私。"

天地的存在既长且久。

天地之所以能够长久存在，是因为它并不为自己而存在，所以它就能够长存。

因此，圣人把自己的利益置于众人之后，他的所得反而先于众人；他总是将自己置之度外，其自身反而能够得到保全。

这难道不是因为他的无私吗？

他的无私反而因此成就了他的伟业。

老子又说："大道泛兮，其可左右。万物恃之以生而不辞，功成不名有，衣养万物而不为主。常无欲，可名于小；万物归焉而不为主，可名为大。是以圣人之能成大也，以其不为大也，故能成大。"

大道广泛流行，左右上下无所不到。

万物依赖它生长，它从不推脱责任，大功告成却不占有美名。

他养育万物而不自以为主，可以称它为"小"，万物归附而不自以为主宰，可以称它为"大"。

正因为他不自以为伟大，才能成为真正的伟大。

以其无私而成其私，天下无人反对，而且还支持，这才是大聪明之举。

以其自私而想成其私，天下人都反对，都反感，其行也难，其成也险，更不可持续。

聪明反被聪明误，自私的人看上去都是聪明的，但实际上，这样的聪明只能算作是小聪明，而且没智慧。

真正聪明的领导一定要学会无私，无私地做事，无私地帮助别人，让他人成功，让他人高兴，让他人乐于与自己共事。

做久了什么也没失去，反而会让自己的精神变得高尚，让自己的人生更有价值，如此才是大智慧。


# 四、领导者要会正直

孔子说："人之生也直，罔之生也幸而免。"

人能生存于世是由于正直，而不正直的人也能生存，那只是侥幸地避免了祸害。

从这句话可以看出，无论是做领导，还是做一个普通的人，都应该正直。

正直可以是一种目标，也可以是一种方法。

如果有正直思想的人，把正直作为目标，这样的人就是高尚的人。

如果有正直行为的人，把正直作为方法，这样的人就是聪明的人。

# 六、领导者的八项注意

老子说:"天下皆知美之为美,斯恶已;皆知善之为善,斯不善已。故有无相生,难易相成,长短相形,高下相倾,音声相和,前后相随。

是以圣人处无为之事,行不言之教,万物作焉而不辞,生而不有,为而不恃,功成而弗居。夫唯弗居,是以不去。"

天下都知道美的事物之所以称之为"美",那是因为有丑恶的存在;都知道善的事物之所以称之为"善",那是因为已有不善的存在。所以说有与无相依而生,难与易相辅而成,长与短相比而显现,高与下相互依存,音与声相互应和,前与后相互追随。

所以圣人顺应自然而不胡作非为,注重身教而不依赖言教,听凭万物兴起而不加干预,滋养万物而不把它们据为己有,助其成长而不自恃其能,大功告成而不邀功自傲。正因为他不居功自傲,所以他的功业将得到永存。

在老子的言论中,圣人就是指那些有作为的君主,或者也可以称之为优秀的领导。从老子的这番言论中,可以梳理出作为优秀领导者应该注意的八个事项:

## (一) 要辩证地看待人,要一分为二地对待事

领导看人,不可一概而论,既要看到人的优点,也要看到人的不足,既要从优秀的人身上看短处,也要从不那么优秀的人身上看长处。

如此才能使人尽其才,才尽其用。

领导看事,不可搞一刀切,既要看到事物有利的一面,也要看到不利的一面,既要看到事物发展过程中有利的条件,也要找出可能存在的风险。

如此才有可能成为公允的领导,如此领导才能一直把事情做好。

## (二) 做事要有道

领导做任何事情都要讲道理,否则就会让手下人不信服。偶尔不讲道理时,事后也一定要对当事人有所交待。

领导做任何事情都要遵循规律,因为掌握了规律就找到了解决问题的方法,而解决问题方法多的人才有资格担任领导。

领导做任何事情都要坚持原则，因为坚持原则就会少犯错误，领导犯的错误多了，就会失去手下人的信任。

领导做任何事情都要遵守规则，如果领导不带头遵守规则，那么手下人就会随意破坏规矩，组织将不成其为组织。

孔子说："上好礼，则民易使也。"在上位的人如果能够按照规矩做事而不任意妄为，那么下面的人自然就会服从管理。

道理、规律、原则、规则，一言以概括就是道。

领导做事有道，就会得到别人的信服和拥护，就可以成为一个优秀的领路人。

### （三）责己恕人

作为领导，要求他人做到的，自己必须先做，而且要不知疲倦地做，绝不懈怠。

孔子就是持有这样的态度，当子路向他请教怎样治理政事时，他说："先之劳之。"意思是自己做在百姓之前，然后再让百姓努力劳作。当子路请求再多讲一些时，他说："无倦"，意思是自己做事情永远不要倦怠。关于不要倦怠，当子张向孔子请教如何治政的时候，孔子说："居之无倦，行之以忠。"即在位上不要疲倦懈怠，执行政令要忠诚。

作为领导，要求他人做到的，自己除了要先做以外，还要力争把它做好。

自己做好了，手下人自然会跟着学习。

既学习这种做事的态度，也追求这种做事的结果。

人人都这样想，都这样做，组织就会成为高效的组织，领导也会成为令人信服的领导。

令人信服的领导，在领导方式上通常不会选择使用说教的方法，话说一千次，不如事做一次。

说多了不做反而会起到反作用。

孔子说："巧言令色，鲜矣仁。"

就是批评那些很能说，但却不肯做事的人。

### （四）不揽权

作为领导，要放手让他人做事情，要放权给他人施展所长。将能而君不御，将在外而君命有所不受。

针对这一点，可见后文"企业之法"的相关论述。

### （五）不揽功

作为领导，要让他人成功，然后不要把他人的功劳据为己有。

手下有功，领导有劳，手下的功劳越大，越能证明领导者的英明。

一个英明的领导，不比一个看上去贪婪的领导更接近于成功吗？

只要领导者带领手下把事情做成功了，还怕没有收益吗？还怕没有人认可吗？

如果因为一时贪功，一直揽功而失去了手下的人支持和信任，结果使事情做不成，组织没有向心力，那么这个领导者还能获什么利呢？还有什么可以值得称赞呢？

没有了手下，领导将不成其为领导。

没有了组织，领导就会成为孤家寡人。

如果因为喜欢揽功而失去了手下人的拥护和信任，那么对于这个领导来说，就是真正意义上的得不偿失。

做得不偿失之事，不够聪明。

不够聪明的人不会成为优秀的领导。

### （六）不炫能

作为领导，要主动帮助他人成功，但不可炫耀自己的能力。

作为领导，自己成功了说明自己有能力，而能够帮助身边的人也成功则说明其有大能力。

一个有大能力的人，不用说别人也知道。

那还何必去说？

说多了会让人反感。

让人反感的人还算有能力吗？

至少让人反感的人不会让人乐于亲近。

不被他人乐于亲近的人会渐渐被孤立。

一个被孤立的人，能说他有能力吗？

即便有能力，也只是个人的能力，而绝非领导能力。

一个没有领导能力的人还能再担任领导职务吗？

所以说，作为优秀的领导者，不要随意炫耀自己的能力。

### （七）不自傲

作为领导，在事情大功告成以后，不要邀功自傲，而要多委功于手下。

委功于手下会让手下人感觉温暖，会更加信服这个领导。

于是，未来他们会更加努力地做事情。

因为他们知道，做了就会得到认可，做了就不会白做。

所以，他们乐于所做之事，也愿意把它们做好。

手下人一直能够把事情做好，就说明领导有方。

领导有方的一个重要表现就是要经常委功于手下。

这个道理就是老子和孙子一再强调的"将欲取之，必先予之"的思想。

这个思想也是姜太公的钓鱼理论：

希望钓到小的鱼可以使用小的鱼饵，希望钓到大的鱼要使用大的鱼饵。

希望钓到鱼却不愿意使用鱼饵，天下哪有这样的好事？

### （八）有追求

作为领导，尤其是企业领导，一定要以追求功业永存为目标，这是个人与企业进步的原动力。为此企业家们要可持续地做事，不可小富即安，更不可消极怠惰。

试想，谁愿意追随一个没有追求的领导呢？谁愿意跟着一个挣了点钱就去享受而不再进取的企业老板呢？

没有前途的工作，或许会有人做，但这样的人很难是人才。

## 七、领导者的八个信条

老子说："上善若水，水善利万物而不争，处众人之所恶，故几于道。居善地，心善渊，与善仁，言善信，正善治，事善能，动善时。夫唯不争，故无尤。"

上善若水，这是中国人最为熟悉的一个成语，也是中国人对于道德要求的一个至上标准，其意为：

最高尚的品格就像是水。

为什么会以水为喻呢？这是因为：

水能够滋养万物但却不去争先，安居于人们所厌恶的低处，因此它的行为最接近于道。

人们应该学习水的哪些优良品质呢？主要表现在：

居处趋下让人而不与人争，心如深渊能够包容万物，与人交往真诚而且友善，遵守诺言诚实而有信，为政顺道而善治，办事有条而不紊，举动应时而有节。

此外，因为它不与万物相争，所以就能避免失误。

根据老子的这番话可以看出，他在以水喻人的同时，重点是在提醒作为治政者应该努力修身，以达到若水一样的治政状态。

由老子这番言论，我们还可以推导出作为领导者应该坚持的八个信条：

**（一）让人**

时时让人，事事让人。不争，不争而后有所得。

**（二）包容**

包容一切，然后因为包容而赢得最为广泛的支持。

**（三）真诚**

与人交往真诚而友善，因此可以广交朋友。

**（四）诚信**

以诚信待一切人，然后因诚信而为自己赢得更多的资源。

**（五）认真**

认真做事，然后赢得可以做更多事情的机会。

**（六）仔细**

做事情要仔细，不要贪快，不要图小利，要专心去做，要做的专业。

孔子知名的学生之一子夏担任莒父的县长，向孔子请教治政的做法。

孔子说："无欲速，无见小利。欲速，则不达；见小利，则大事不成。"

孔子这句话的意思是说：不要想很快见收效，也不要只顾小的利益。一味图快反而不能达到目的，顾及小利则不能成就大事。

这句话就是"欲速则不达"的出处。

它要表达的意思一如老子所说，即做事情要仔细认真，而不能冒进图快。

## （七）有度

把握时机做事，要注意做事情的节奏，不要过，也不要不及。

关于过和不及孔子有过专门的论述。当子贡问他"师与商这两个人谁更贤明"时，他回答道："师也过，商也不及。"当子贡又问"那么师更好一些了"的时候，他回答道："过犹不及"。

意思是过和不及一样都是不对的。

除了做事要有度以外，一个领导在做人方面也要有度。

在这一点上，孔子做出了榜样，他的弟子评价他"子温而厉，威而不猛，恭而安"，意思是：

先生温和而严厉，威严而不刚猛，恭敬而安详。

## （八）不争

没有争心，就会少有失误。

关于不争，老子在《道德经》中多有论述，而且十分精彩，可以看作是他处世哲学的一个重要内容。

不争不是绝对不争，是不争小而为大，是求大格局之争。

"江海之所以能为百谷王者，以其善下之，故能为百谷王。是以欲上民，必以言下之；欲先民，必以身后之。是以圣人处上而民不重，处前而民不害。是以天下乐推而不厌。以其不争，故天下莫能与之争。"

江海之所以能成百川之王而纳百川入海，是因为它善于自处低下，因此而成就了百川之王。

所以，想要处于人民之上，一定要以言辞对人民表示谦下；想要处于人民之前，一定要把自身放在人民之后。

所以，圣人处于上位而人民不会觉得沉重，处于前面而人民不会觉得受损害。

所以，天下人都乐于推戴他而不会厌弃他。

因为圣人不与人争，所以天下没有人能够跟他争。

"善为士者不武，善战者不怒，善胜敌者弗与，善用人者为之下。是谓不争之德，是谓用人，是谓配天，古之极也。"

善于做武士的人不显示其威武，善于作战的人不会轻易发怒，善于取胜的人不与人对抗，善于用人的人愿意居于人之下。

这就叫作不争的品德。

这就叫作用人。

这就叫作与天相配。

这是古时极致的境界。

"天之道，不争而善胜；不言而善应；不召而自来。坦然而善谋。天网恢恢，疏而不失。"

天之道，不争斗而善于取胜，不说话而善于回应，不召唤而使万物自来归附。坦荡无私而善于谋划。天网广大无边，稀疏却无所漏失。

"信言不美，美言不信。善者不辩，辩者不善。知者不博，博者不知。圣人不积：既以为人，己愈有；既以与人，己愈多。天之道，利而不害；圣人之道，为而不争。"

真实的语言不华美，华美的语言不真实。

善良的人不善辩，善辩的人不善良。

真知道的人不广博，广博的人不是真知道。

圣人无所积藏：施利于别人，自己却更加富有。给予别人，自己却更加丰富。

天之道，有利于物而无所损害。

人之道，有所作为而无所争夺。

# 八、领导者的四个层次

老子认为，可以把领导者分为四个层次，即"太上，下知有之；其次，亲而誉之；其次，畏之；其下，侮之。"

（1）最好的领导者，百姓只知道他的存在。

（2）次一等的领导者，有百姓亲近他和赞扬他。

（3）再次一等的领导者，百姓都惧怕他。

（4）最下等的领导者，百姓敢于蔑视侮辱他。

为什么会出现最下等的领导者呢？老子认为主要是"信不足焉，有不信焉。"最下等的领导者缺乏诚信，所以也不会得到百姓的信任。百姓不信任，不信服，当然就敢于蔑视和侮辱他。

最好的领导者为什么百姓只知道他的存在呢？老子以为这样的人"悠兮其贵言，功成事遂，百姓皆谓我自然。"好的领导者仿佛是那么悠远，百姓很少听到他的说教。当大功告成，万事顺意的时候，百姓都说是自然而然的事情。

做最好的领导者，要有大智慧，要有大方略，要有大格局，要有大作为，一般人不容易做到，但可以设为目标。

次一等的领导者，手下喜欢他，愿意亲近他，因而也就乐于服从他，可以真心拥护他，做这样的领导者应该成为绝大数人的追求。

再次一等的领导者，让手下惧怕，有人以为也不错。可是惧怕他就会远离他，惧怕他就不会有真情好感，就会貌合神离，表面上遵从，内心并不喜欢，最终也不会长久。

如果做成了最下等的领导者，还是尽快辞职算了，即便不主动辞职，企业也要尽快把这种人调离领导岗位，否则就会使组织大乱，没有公信力。

# 九、领导者必须要做的四件事情

孔子说："道千乘之国，敬事而信，节用而爱人，使民以时。"

治理一个具有千辆兵车的国家，要严肃治事并有诚信，要节约财用并爱护人民，要根据农时来使用民力。

根据这句话，我们可以总结出企业领导者必须要做的四件事情：

## （一）领导者要严肃治事，做事认真，不能马虎

为上者做事认真，为下者就会效仿。上下做事如果都很认真，则企业就会形成认真做事的企业文化。

从某种意义上说，能否形成认真做事企业文化的关键是看领导者做事是否认真，并且坚持不懈。

### （二）领导者要讲诚信，重承诺，说到做到

如果领导者能够说到做到，就能说一是一，说二是二，从而可以在属下面前说一不二。

有的领导者自己说了不算，说了不做，却只想着说一不二，这会让属下厌烦，从而阳奉阴违，甚至公开反对。

久则领导失信。

久则领导失威。

久则领导不成其为领导。

### （三）领导者要节约资源，带头反对浪费

作为领导者，占用的资源多，掌握的资源多，使用的资源多，对此员工是羡慕的，是向往的，是想学习的。

可是如果领导者在使用资源的过程中，浪费资源，无节制地使用资源，不能让资源发挥最大的效用，那么属下就会学习这种作风。此时，他们掌握的资源虽然不多，可是却不知道珍惜；未来他们与领导者掌握的资源一样多时，就会与领导者们一样挥霍。这就是言传身教。

一个企业形成了浪费和挥霍的习惯，并且让这种习惯延伸到生产环节、销售环节，就会伤害企业发展的根本，就会极大程度地提升企业发展的成本，从而会大大降低企业产品的竞争力。

### （四）领导者要爱护员工，帮助员工成长

员工一时不如领导职位高，但是并不代表员工的素质就一定比领导差，就一定没有机会成为未来的领导者。

从这个角度看，作为现在的领导者，为了企业未来的发展，就应该爱护员工，帮助员工成长，从而为企业的发展打下更为坚实的基础。

有的员工可能不一定有发展的潜力，但是可能会有比较强大的执行力，如果激发这种执行力最大限度地发挥，就可以让此员工为企业做出最大化的贡献。

从这个角度看，作为领导者，为了企业发展的现在，就应该爱护员工，使他们感到温暖，并因此而愿意多为企业做事情。

每一个员工都是企业的一个有机分子，今天领导爱护一个员工，员工们会互

相观察，知道领导明天也会爱护自己，从而就会生发热爱企业的心和更加努力工作的意愿。

从这个角度看，爱护一个员工，会影响一大批员工；爱护一批员工，会影响整个企业的员工队伍。

老子说："圣人恒无心，以百姓之心为心。善者善之，不善者亦善之，德善也。信者信之，不信者亦信之，德信也。圣人之在天下也，歙歙焉，为天下浑心。百姓皆注其耳目焉，圣人皆咳之。"

优秀的领导没有自己的意旨，而是以百姓的意志为方向。善良的人要加以善待，不善良的人也要加以善待，这样最终就得到了善。诚实的人要加以信任，不诚实的人也要加以信任，这样最终就得到了诚信。优秀的领导治理天下，和谐而顺势，让天下的人心都变得真诚。百姓都运用自己的聪明，成为领导的好帮手，而优秀的领导会像对待自己的孩子那样爱护他们。

被爱激发的人，会努力工作。

被利益调动的人，也会努力工作。

可是因爱激发的工作热情会更持久。

领导是人，员工也是人，是人就有人的尊严，是人就需要关心。

领导关心员工，员工关心领导，如此所有的人都会关心企业。

如果所有的人都关心企业的利益和发展，那么由此生发的企业文化将是最强大的企业文化。

有了强大的企业文化，企业经营必然成功。


# 十、领导者做事不能轻率


老子说："重为轻根，静为躁君。是以君子终日行，不离辎重。虽有荣观，燕处超然。奈何万乘之主，而以身轻天下？轻则失根，躁则失君。"

稳重是轻浮的根基，安静是躁动的主宰。所以君子终日行进，从不离开粮草辎重。虽有美景奇观，却能安居超然。为何万乘之国的君主，轻率治国不自重其身？轻举就会丧失根本，躁动就会丧失君位。

轻举和躁动都是轻率的行为。

老子以为不可取。

我们认为也不可取。

因为轻举就会丧失根本，没有根本，做事情就没有基础，也会迷失方向。

躁动就会丧失君位，失去君位就会被动，就会成为别人的奴仆，而不再是自己的主人。

没有基础做事情不会成功。

没有主动权做事情也不容易成功。

所以，领导者做事情不能轻率。


# 十一、领导者要掌握做事情的技巧


老子认为，真正有水平的人做事情是有技巧的，而且掌握得技巧越多，就越容易成为优秀的领导者，也就会成为圣人。老子所说的圣人就是优秀的领导者。

老子说："善行，无辙迹；善言，无瑕谪；善数，不用筹策；善闭，无关楗而不可开；善结，无绳约而不可解。是以圣人常善救人，故无弃人；常善救物，故无弃物，是谓袭明。"

善于行走的，行走也不会留下痕迹；

善于言谈的，在言谈的过程中不会留下瑕疵；

善于计算的，在计算时根本不需要使用筹策工具；

善于关闭的，不用栓锁却坚固难启；

善于打结的，不用绳索而无法松解。

因此，圣人善于挽救人，从不遗弃人；善于物尽其用，没有物被废弃，这就叫作"袭明"。

人无完人，人尽其用；物无废物，物尽其用。

能够做到这一点，就可以成为优秀的领导。


# 十二、孔子论领导小故事之一


樊迟请学稼。

子曰："吾不如老农。"

请学为圃，曰："吾不如老圃。"

樊迟出。

子曰："小人哉，樊须也！上好礼，则民莫敢不敬；上好义，则民莫敢不服；上好信，则民莫敢不用情。夫如是，则四方之民襁负其子而至矣，焉用稼？"

樊迟向孔子请教学习农耕之事。

孔子说："我比不上有经验的农夫。"

樊迟又请教学习种菜。

孔子说："我比不上有经验的菜农。"

樊迟离去之后，孔子说："樊须真是个没志气的人！在上位的人爱好礼制，百姓就没有人敢不尊敬；在上位的人爱好道义，百姓就没有人敢不服从；在上位的人诚恳守信，百姓就没有人敢不诚实。如果能做到这样，那么四方的百姓就背着小孩投奔过来了，又怎用得着自己种庄稼呢？"

## 十三、孔子论领导小故事之二

尧曰："咨！尔舜，天之历数在尔躬，允执其中。四海困穷，天禄永终。"

舜亦以命禹。

曰："予小子履敢用玄牡，敢昭告于皇皇后帝：有罪不敢赦。帝臣不蔽，简在帝心。朕躬有罪，无以万方。万方有罪，罪在朕躬。"周有大赉，善人是富。"虽有周亲，不如仁人。百姓有过，在予一人。"

谨权量，审法度，修废官，四方之政行焉。兴灭国，继绝世，举逸民，天下之民归心焉。

所重：民、食、丧、祭。

宽则得众，信则民任焉，敏则有功，公则说。

尧说："唉！舜啊！上天所定的帝王列位已经落在你身上了，要忠实地执行正确原则。如果天下百姓都陷入穷困之中，上天赐给你的禄位也就会永远终止了。"

舜也这样告诫过禹。

（商汤）说："我小子履谨用黑色的公牛来祭祀，明白地禀告庄严伟大的天帝：对于有罪的人我不敢擅自赦免，对于天帝臣仆的善恶，我也不会欺瞒掩盖，天帝心中自是明察一切。我本人若有罪，不要牵连天下万方，天下万方若有罪，都归我一个人承担。"

周朝大封诸侯，使善人都富贵起来。（周武王）说："我虽然有至亲，但不如有仁德之人。如果百姓有过错，都由我一人承担。"

认真检验并审查度量衡，修复废弃不全官职，全国的政令就会通行了。恢复被灭亡了的国家，接续受封者断绝的后代，提拔被遗弃的人才，天下百姓就会真心归服了。

所重视的四件事：人民、粮食、丧礼、祭祀。

宽厚就能得到众人的拥护，诚信就得人任用，勤敏就会有功绩，公平就会使百姓高兴。

# 十四、孔子论领导小故事之三

子张问于孔子曰："何如斯可以从政矣？"

子曰："尊五美，屏四恶，斯可以从政矣。"

子张曰："何谓五美？"

子曰："君子惠而不费，劳而不怨，欲而不贪，泰而不骄，威而不猛。"

子张曰："何谓惠而不费？"

子曰："因民之所利而利之，斯不亦惠而不费乎？择可劳而劳之，又谁怨？欲仁而得仁，又焉贪？君子无众寡，无小大，无敢慢，斯不亦泰而不骄乎？君子正其衣冠，尊其瞻视，俨然人望而畏之，斯不亦威而不猛乎？"

子张曰："何谓四恶？"

子曰："不教而杀谓之虐；不戒视成谓之暴；慢令致期谓之贼；犹之与人也，出纳之吝谓之有司。"

子张向孔子问道："怎样可以治理政事？"

孔子说："尊崇五种美德，摒除四种恶行，这样就可以治理政事了。"

子张说："什么是五种美德？"

孔子说："君子施惠于民而自己无所耗费；使唤百姓劳动而百姓却不怨恨；有欲望却不贪婪；庄重矜持却不骄傲；威严却不凶猛。"

子张说："怎样叫作施惠于民而自己无所耗费？"

孔子说："根据百姓能够得到利益的具体所在而使他们得利，这不就是施惠于民而自己无所耗费吗？选择可以使唤百姓的时候而去使唤他们，又有谁会怨恨呢？自己想要仁德便得到了仁德，又贪求什么呢？无论人多人少，无论势力大小，君子都不敢怠慢，这不就是庄重矜持却不骄傲吗？君子衣冠整洁，正目而视，庄严地使人望见就有所畏惧，这不就是威严却不凶猛吗？"

子张说："什么是四种恶行？"

孔子道："不加教育便杀戮叫作残酷；不加申诫便要看到成绩叫作粗暴；刚开始懈怠，突然限期要求叫作贼害；同样给人财物，该给的时候却吝啬，叫作小家子气。"

# 第二章

## 人才之道

### 一、概述

现代人力资源管理的概念提出不过百年，而"人才管理"这个话题在中国却已经延续了几千年。

几千年的人才应用、人才研究、人才创新、人才传承总结出了众多的思想理念和方法体系，并推导出了一个最大的结论，那就是"人才至上"。

无论是古代，还是现代；无论是中国，还是外国；无论是企业，还是政府；无论组织规模是大，还是小，为了达成发展或是大发展之目标，都应该把"人才至上"作为主要的指导思想。

如果做不到这一点，任何组织都难有大的成长，也不会创造出很大的成就。

做好人才管理的工作，理念是先导，如果没有正确的理念引导，即便人才管理工作一时是高效的，用于人力资源管理的工具是最先进的，最终也不会成功。

要使企业内有高效的人才管理理念，就必须引入中国传统文化中事关人才管理的思想，这些思想是中国古代管理智慧中的精华，内容相当丰富。

从传统文化的视角看人才管理，在诸子百家的言论中皆有论述，而论述较为深入和全面的是兵家的思想，其次是儒家、墨家、法家和道家的经典著作。这些内容虽然为古代大贤所述，但其针对现代人才管理的应用价值却非常之高，很多思想和方法甚至可以直接使用。

# 二、孔子的人才之道

在《论语》中，相关于人才的内容多有论述，如果把这些论述进行分类可以回答三个方面的问题：什么样的人是人才？如何判断一个人是不是人才？作为人才应该如何处理与领导之间的关系？

## （一）什么样的人是人才

什么样的人算作人才，孔子虽然没有直接说明，但是却基于对"君子""完人""仁德"的论述，以及其对优秀学生的评价而形成了系统的判断，对于今天的企业管理极富现实指导意义。

首先看一下孔子和子张的对话，这其中内含着孔子对于人才的五条判断标准。

子张向孔子请教什么是仁。

孔子说："能够具备和实行五种品格就是仁了。"

子张说："请问是哪五个方面？"

孔子说："恭宽信敏惠。恭则不侮，宽则得众，信则人任焉，敏则有功，惠则足以使人。"

一个人具备了恭敬庄重、宽厚包容、诚实守信、勤奋敏捷、慈爱仁惠这五种特质，他就可以称得上是人才了。

（1）恭者，恭敬对人，庄重对事。

常有恭敬之心，则这个人就不会受到侮辱，他就具备了成为人才的基础。

相反，对人不恭敬，对事不认真，则这样的人不仅自己做不成什么事，而且还会影响他人积极做事。

对于不认真做事的人，永远也不要把他视为人才，永远也不要重用他。

（2）宽者，对人宽厚，对事包容。

常有宽容之心，则这个人就可以得到众人的拥护。

相反，对人不宽厚，凡事计较得失，每天打自己的小算盘，不能包容别人的小缺点和小错误，则这样的人就会失众，就会遭人唾弃。

遭人唾弃的人连人都做不明白，还何谈能不能成为人才？

（3）信者，对人守信，做事诚实。

常有诚信之心，则这个人就可以得到信任，就可以被任用。

相反，说了不做，没做的也说，撒谎、欺骗，不讲信用，这样的人做人都有问题，当然不能当作人才使用。

（4）敏者，做人敏捷，做事勤奋。

常有勤敏之心，则这个人就能够做出业绩，就可以建立功绩。

相反，一个人如果非常懒怠，不愿意花心思研究事情，对于任何工作都不愿意投入精力，那么他就失去了培养的价值。

（5）惠者，做人慈爱，做事仁惠。

常有慈惠之心，则这个人就能够有威望，就能够很好地使用和管理他人。

相反，对人刻薄、待人冷淡、目中无人，这样的人就会成为孤家寡人，不会得到别人的真心相待。

何为人才？做事认真、包容同事、信守承诺、爱岗敬业、热情待人，具备了这五种特质的人就是人才。

古代是这样。

现代也是这样。

除了恭宽信敏惠以外，孔子认为，一个人可以有进取心，但不可以太贪婪，否则就会受制于人。

关于这一点可见孔子对于申枨这个人的评价。

孔子说："吾未见刚者。"

或对曰："申枨。"

孔子说："枨也欲，焉得刚？"

申枨因为欲望太多，所以没办法做到刚强。

一个人如果做不到刚强，就会受制于人，经常受制于人的人很难自由地发挥自己的创造力。

然而没有了创造力，其人就无法称其为人才。

所以，一个人才必须学会刚强。

孔子有很多的弟子，其中最为著名的是十个人，孔子把他们分成了四科，其中德行：颜渊、闵子骞、冉伯牛、仲弓。言语：宰我、子贡。政事：冉有、季路。文学：子游、子夏。

如果把这十个人所具备的长处融合到一起，则可以建构起人才的另一个判断标准：

（1）品德好。

（2）表达与沟通能力好。

（3）有办事能力。

（4）文笔好。

关于这个标准，古代可用。

现代也可以用。

其实，在孔子心目中，一个理想的人才应该综合具备三个方面的能力，包括"果""达"和"艺"。

什么是"果"？什么是"达"？什么是"艺"？针对这三点，可见孔子和鲁国大夫季康子的一个对话。

季康子问："仲由可使从政也与？"

可以让仲由也就是子路治理政事吗？

子曰："由也果，于从政乎何有？"

仲由果敢决断，让他治理政事有什么困难呢？

季康子问："赐也可使从政也与？"

可以让端木赐也就是子贡治理政事吗？

子曰："赐也达，于从政乎何有？"

端木赐通达事理，让他治理政事有什么困难呢？

季康子问："求也可使从政也与？"

可以让冉求治理政事吗？

子曰："求也艺，于从政乎何有？"

冉求多才多艺，让他治理政事有什么困难呢？

果者，果敢决断也；

达者，通达事理也；

艺者，多才多艺也。

孔子认为，具备了这三个方面特点之一的人就可以成为人才，或者潜在的就是一个人才。

然而如果同时具备了这三个方面的特点，那么这样的人就一定是个人才，而且还有可能是个大才。

当然，果敢决断并不等于冒失冒进，为此孔子说："暴虎冯河，死而无悔者，吾不与也。必也临事而惧，好谋而成者也。"

徒手斗虎，徒步过河，死了都不后悔的人，我不会与他共事。与我共事的一定是遇事小心谨慎，善于谋略而能成事的人。

除了借助仲由、端木赐、冉求的优点以表达他对于人才的要求以外，孔子还在与子路的对话中表达了他对于人才的期待，这种期待当然也是人才的追求目标。

子路问什么样的人是完人？

孔子说："若臧武仲之知，公绰之不欲，卞庄子之勇，冉求之艺，文之以礼乐，亦可以为成人矣。"

像臧武仲这样有智慧，像孟公绰这样清心寡欲，像卞庄子这样勇敢，像冉求这样多才多艺，再用礼乐来成就他的文采，也可以说是完人了。

①有智慧。

②能清廉。

③可勇敢。

④多才多艺。

⑤能守礼。

此五特质皆备者，便是人才也，甚至是大才也。

孔子又说："今之成人者何必然？见利思义，见危授命，久要不忘平生之言，亦可以为成人矣。"

现在的完人哪里要这样？看见利益能够想到道义，遇见危难能够不退缩，平日与人的约定历久不忘，做到这些也就可以说是完人了。

①讲道义。

②有担当。

③守信用。

有此三个特点者即是完人也。

完人者，当然是人才也。

看重道义是孔子评价一个人的重要取向，他说："君子义以为质，礼以行之，孙以出之，信以成之。君子哉！"

君子应该把道义作为行事的根本，依据礼节来实行它，用谦逊的言辞来表达它，用诚信的态度来完成它，这样才是真君子。

真君子就是真人才。

在现代社会中，人们的道义观淡了，所以人才对于企业的忠诚度也低了。

可是以孔子的标准看，如果一个人做事没有道义，只看重利益，那么即便他很有能力，也称不上是个优秀的人才。

试想，一个不讲道义的人，可以随时离开此企业去投奔彼企业，而且还会很快转到其他企业。

其心不在你这里，其人在你这里时也不会发挥太大的任用。更何况，很快他就离开了，这样的人怎么还能算得上是人才。

如果是真人才，除了应该具备以上特质以外，还要做到以下四点要求：

（1）正确认识自己。

"君子病无能焉，不病人之不己知也。"

君子忧虑自己没有才能，而不应该忧虑别人不了解自己。

是金子一定会发光的，不是金子点再多的火也烧不出光芒。

（2）自律。

"君子求诸己，小人求诸人。"

君子凡事都要求自己，小人凡事都要求别人。

自己先做，做好，然后再要求别人，这样就可以获得别人的信服。

什么事情都指望别人，一有过错就推给别人，这样的人迟早会被别人看透，一旦看透他就再也没有机会。

（3）不党不争。

"君子矜而不争，群而不党。"

君子庄重而不与人争执，合群但不结党营私。

（4）坚守恕道。

"己所不欲，勿施于人。"

自己不愿意做的事情，也不会强迫他人去做。

概括以上孔子的言论，可以梳理出关于人才的众多判断标准，包括：

做事认真；

待人恭敬；

宽厚包容；

诚实守信；

勤奋敏捷；

慈爱仁惠；

遵守道义；

果敢决断；

通达事理；

多才多艺；

足智多谋；

清正廉洁；

开拓进取；

遵守法纪；

不贪；

不党；

不争；

自律；

不冒进。

### （二）如何判断一个人是不是人才

判断一个人是不是人才，孔子认为先要弄清楚一个事实，即"性相近也，习相远也。"

人性没有什么不同，可是后天的习惯养成却有很大的不同，因此要考察一个人是不是人才，一定要分析他的成长环境和学习背景。

这就是为什么现代企业在招聘人才的时候一定要先看其简历的缘由。

但是只看简历是不够的，是无法正确地了解一个人的能力及其品性的。

要真正了解一个人，必须去他成长和学习的环境看一看，必须与其进行深入的沟通。

现在有很多企业的人力资源部，其工作人员不愿意走出去，不愿意对人才做背景调查，只顾着看简历，过于迷信简历，结果就会错失掉很多优秀的人才。

不见面谈一谈，怎么能够了解一个人是不是优秀？是不是有能力呢？

见了面以后可以了解的事情有很多，孔子说："视其所以，观其所由，察其所安。人焉廋哉？人焉廋哉？"

观察他的一举一动，考察他做事情的动机依据，了解他的心情安乐与否。如此，这个人还怎么能够隐瞒得了呢？

孔子又说："君子不器。"

作为一个人才，不应该像器具那样只拥有单一的能力。

所以，在评价一个人是不是人才时，还要看看他是不是具备综合的能力。

谈话是了解一个人的重要方法，但是在评价人才的时候要慎重使用这个方法。孔子说："君子不以言举人，不以人废言。"

君子不会根据一个人的言辞就推举他，也不会因为一个人品德不好就否定他的全部言辞。

宰予是孔子一个不优秀的学生，他在大白天睡觉。孔子看见了说："朽木不可雕也，粪土之墙不可圬也。于予与何诛？"

腐朽的木头不能雕刻，粪土般的墙壁不能粉刷。对于宰予，还有什么值得我责备的？

可是宰予在刚进师门的时候不是这样的，他曾经信誓旦旦地向孔子保证，他会好好学习。

所以，孔子又说："始吾于人也，听其言而信其行；今吾于人也，听其言而观其行。于予与改是。"

先前我对待别人，听了他的话便相信他的行为；如今我对待别人，听了他的话还得观察他的行为。是因为宰予让我有了这样的改变。

"听其言，观其行"，这句话便是从此处演化来的。

"听其言"，是判断一个人是不是人才的重要方法。

在使用这个方法的同时，还要"观其行"，以作为辅助。

除了与当事人交谈了解他以外，还可以借助与当事人相关的人交谈以进一步分析他，这种做法在现代企业里叫作"360度评价法"。

可是在使用"360度评价法"时，一定要注意一个原则，即孔子所说的"众恶之，必察焉；众好之，必察焉。"

大家都不喜欢的人，一定要进行审查；大家都喜欢的人，也一定要进行审查。

大家都不喜欢的不一定不是人才。

大家都喜欢的也不一定就是人才。

一个好人不一定是个人才。

一个不讨人喜欢的人也许就是个人才。

所以，必须要进行认真的审查、详细的了解，才能正确地认知一个人，正确地判断一个人才。

为此，孔子说："君子不可小知而可大受也，小人不可大受而可小知也。"

君子不可以从小处去了解他，但他可以担当大任。小人不可以担当大任，但是却可以从小处去了解他。

对于君子，不可以因小而失大，不能因为众人不喜欢他而不使用他。

对于小人，也不可以因小而失大，不能因为众人都喜欢他而任用他。

小人愿意结党，君子不党不争。

所以，极有可能出现：君子没有人喜欢，小人却非常讨人喜爱的情况。

在识别人才的时候，对此一定要格外注意。

判断一个人到底是哪一类人，还可以通过他曾经犯的过失进行分析。孔子说："人之过也，各于其党。观过，斯知仁矣。"

人的过失，可以各归入不同的类别。只要审察那个人的过失，就能知道他是哪一种人了。

以上所论就是孔子识别人才的一些方法，其中不乏真知灼见，对于现代企业经营同样具有重要的指导意义。

### （三）人才应该如何与领导相处

人才应该如何与人相处，尤其是应该如何与其领导相处，这个问题不仅关系到个人的成长，而且还关系到组织发展的利益。

针对这个问题，可以借鉴孔子的下述两个思想，这两个思想可以视为人才与领导相处的指导原则。

（1）忠于值得效忠的领导。

鲁定公向孔子请教："君使臣，臣事君，如之何？"

君主使用臣子，臣子侍奉君主，应该怎么做？

孔子说："君使臣以礼，臣事君以忠。"

君主按照礼节使用臣子，臣子忠心耿耿侍奉君主。

领导有礼，人才有忠，两向配合，事业可成。

当然，人才对于领导会有一个考察的过程。

可是一旦认定了这个领导值得追随时，他的态度就应该是忠诚。

忠诚于值得效忠的领导，是人才应该具备的一个美德。

忠诚于领导要表现在实际行动上，为此孔子说："事君，敬其事而后其食。"

侍奉君主，应该敬守职事，而把俸禄的事放在后面。

只是心里有领导，而行动上不支持领导，这不叫忠诚。

忠诚于领导，努力跟随领导做事情。

领导成功了，人才还会不成功吗？

（2）坦诚相待，敢于直谏。

子路问"应该如何事君"。

孔子说："勿欺也，而犯之。"

不可以欺骗他，但可以当面直谏他。

不欺骗领导也是忠诚于领导的一种表现，而敢于直言进谏则不仅是对人才的一种考验，对于领导本人也是一种考验。

听不得别人意见，一意孤行的领导，通常容易犯错误，而且会犯大错误。

这很危险。

听不到反对的声音，没有人愿意指出领导的错误，这样形成的企业文化并不利于企业的长远发展。

也很危险。

如果有人敢于指出领导的不足，批评领导的错误做法，则这样的人即便在其他方面没有什么特长，仅此一点也可以认定他是个人才。

对于企业有贡献的人就是人才。

唐太宗之所以能够开创贞观之治，就是因为有像魏征这样能够直谏的谋士。

然而魏征最早辅佐的并不是唐太宗，而是唐太宗的大哥，当时的太子李建成，并且多次进言让李建成杀死唐太宗李世民。

李世民成为唐太宗以后，不仅没有处死魏征，反而升他做专门挑领导毛病的御史大夫。

这是一种胸怀，也是一种格局。

领导者有胸怀，人才能够直谏。

这样的组织就会发展，就能够进步。

在进步的组织中工作，人才也会受益。

据此，有思想的人才一定要具备"坦诚相待，敢于直谏"的品质。

这是一种优秀的品质。

敢于直谏，不等于不讲方法。

说话进谏是有讲究的。

孔子说："侍于君子有三愆：言未及之而言，谓之躁；言及之而不言，谓之隐；未见颜色而言，谓之瞽。"

侍奉君主容易犯三种过失：

言谈尚未轮及他而抢先说，这叫作急躁；

言谈轮及他而不说，这叫作隐瞒；

不看君主的脸色而贸然开口，这就如同盲人一样。

# 三、姜太公的人才之道

姜太公的人才之道体现在《六韬》这本书中。

《六韬》是中国古代著名兵书，位列"武经七略"之一，又称《太公六韬》或《姜太公兵法》，其所论内容相当丰富，而在人才管理方面的见解独树一帜，对当代企业发展有着重要的参考价值。

## （一）志同道合，共利分享

《六韬》论人才管理的最妙之处就在于它开篇便坚持了"人才至上"的思想，这既体现在文王访求姜太公这一大贤的决心与诚心中，也体现在文王虔诚和真诚的访贤过程里。

这种重贤与尚贤的做法成为后世领导者的表率。

如果说，"尚贤"是领导者"一厢情愿"的人才管理境界，那么"情投意合"则是领导者与高层次人才共同创造的"两相情愿"的境界。为此，在《六韬》"文师"篇之开篇处，太公说，"君子情同而亲合，亲合而事生之，情也"。

君子情意相投，志同道合，就能亲密合作，亲密合作，共同从事的事业就会成功，这是自然之理。

分析太公的这句话，从中可以悟出人才管理境界的具体描述，这种描述主要体现在三个关键词上：

其一是"情意相投"。意思是为上者与为下者、领导与人才之间要有"合作的感情"和"共同发展的意愿"，这是吸纳人才，使用人才，得人才相投，受人才相报的基础。

其二是"志同道合"。意思是为上者与为下者、领导与人才之间要有共同的"志向追求"和共同认可的"价值观"，这是稳定人才，使用人才，与人才密切合作的最高境界。因为"志同"而成为"同志",因为"道合"而成为"伙伴",因为"志同道合"而愿意"共同打拼"。能够共同打拼,则所从事的事业一定会无往而不胜。

其三是"亲密合作"。这种状态的出现是基于前面两个意思的表达,或可视为前面两个关键词推导出的结果。因为彼此之间"情意相投"和"志同道合",所以可以"亲密合作";因为"亲密合作",所以大家喜欢共同追求事业和共同追求的事业;因为喜欢,所以投入;因为投入,所以用心;用心把事情做到最好,努力就会有所回报。

领导与人才之间"情意相投""志同道合""亲密合作"是一种美好的人才管理境界,如何才能实现它呢?这首先需要领导者能够持有"共天下之利"的"共享"思想。

为此,太公对文王说:"天下非一人之天下,乃天下之天下也。同天下之利者,则得天下;擅天下之利者,则失天下。"

天下不是哪一个人的天下,而是全天下人所共有的天下,能和天下人共享天下之利的,就可以得到天下;独享天下之利的,就要失去天下。

"情意相投"的基础是对双方有利,"志同道合"的动力是共同逐利,"亲密合作"的结果是共同获利,如果领导者不能与人才分利,则不可能得人才之"效力",没有人才发自内心的效力,则组织最终将没有"效率",结果是领导者也不能获得"效益"。

领导者为了自身的效益和组织发展的效率,就必须持有与人才共享发展之利的指导思想,这是可以达成以上所说人才管理境界的前提,缺之不可。

把这个理念引入现代企业管理范畴,要求企业家们必须有"共利"的意识和"分享"的思想,要能够与天下人才共拥企业之利,共享发展之益,如此才会有天下人才齐投之愿和共谋发展的动力,如此企业才可以有大发展之格局,才会有大获利之空间。否则,企业是企业家一个人的企业,企业打拼是企业家一个人的事业,企业家成了孤家寡人,单打独斗,无法获得天下人才的帮助。结果是"独木难成林",企业家浑身是铁也捻不出几个钉。

### (二)利待人才,情义相惜

如果实现了前面所说的人才管理的境界,则组织吸纳人才便有了"道"的保障,接下来要寻找的是"术"的方法。

如何从"术"的方面吸引人才和选择人才，太公给出了明确的指导思想，即"钓人"和"爱人"。

关于"钓人"的思想，他说："缗微饵明，小鱼食之；缗调饵香，中鱼食之；缗隆饵丰，大鱼食之。夫鱼食其饵，乃牵于缗；人食其禄，乃服于君。故以饵取鱼，鱼可杀；以禄取人，人可竭。"

对应这一"钓鱼"说，可知：

用一般的人才可以给予一般的待遇，用中等水平的人才要给予中等以上的待遇，用高层次的人才必须要给予高水平的待遇。

如果给中等水平的人才一般的待遇，则这样的人才只能发挥一般人才的作用；如果给高层次人才中等水平的待遇，则这样的人才只能发挥中等人才的作用；如果给高层次的人才以一般的待遇，则这样的人才会很快离开企业，不会发挥作用。

以饵取鱼，鱼可取；以重禄取人，则人才可得，这样的做法内含着天下人共有的"趋利避害"的本性特点。

如果一个组织能够把人性的这一特点发挥到淋漓尽致，就可以为组织网罗到天下最优秀的人才。

关于"爱人"的思想，文王问太公曰："愿闻为国之大务，欲使主尊人安，为之奈何？"太公曰："爱民而已"。爱其民可有其国，爱其民可治其国，爱其民可富其国，爱其民可得天下。如此，仁者之爱，可尽得天下之利，仁者之导，可尽得天下人才之心。天下人才倾心相助之源，领导之爱而已。

如此"钓人"，以利诱之；如此"爱人"，成其所好，则人才在"仁"与"利"两个方面的吸引下，必愿倾全心，尽全力，且无怨无悔。

# 四、黄石公的人才之道

《三略》是中国古代著名兵书，位列"武经七略"之一，常与《六韬》并行为人所提及，号称"六韬三略"，而人们熟知的"韬略""文韬武略"等词也是基于此书名而演化形成。

《三略》一书相传为黄石公所著，在书中，作者用了很大的篇幅在谈论如何进行人才管理和如何强化组织治理，这对于现代企业经营有着非常重要的指导意义。

**（一）人才管理的目标是务揽英雄之心**

在《三略》开篇之处，作者便提出了人才管理的目标和要求，那就是"务揽英雄之心"。

"夫主将之法，务揽英雄之心，赏禄有功，通志于众，故与众同好靡不成，与众同恶靡不倾。治国安家，得人也，亡国破家，失人也，含气之类，咸愿得其志"。

分析这句话，其中最主要的思想就是"务揽英雄之心"，"务"是必须要做，"揽"是聚拢而不是收买，揽"英雄"之心就是揽人才之心，揽英雄之心的目的是为"取天下""成大业""做大事"。

"务揽英雄之心"是人才管理的目标，如何揽得英雄之心要借助有效的方法，应用与可用的方法在这句话中被概括为四个方面，即"赏禄有功，通志于众，同好同恶，聚拢人才"。

（1）赏禄有功。

对于有功之人务必要给予奖赏，有功必赏，则可形成人人愿意建功立业的组织发展态势。

（2）通志于众。

领导先有志，然后将之通于下，使人人皆有志，而且是人人皆有相同之志，这是统一思想和统一目标的重要前提。

（3）同好同恶。

与众人有共同的意愿，就没有做不成的事情；与众人有共同的仇恨，就没有打不垮的敌人，同好同恶，则有同心同德；同心同德，则有万众一心；万众一心，才可形成组织发展之强大合力。

（4）得人而不失人。

得人才之心，受人才之助，则国治家兴；失人才之心，无人才相助，则国破家败。

最后一句话"含气之类，咸愿得其志"，给出了这样想和这样做的原因，那就是："所有的人才都愿意实现自己的志向"。

因为天下人才都希望实现自己的志向和追求，所以通志于众，同好同恶，赏禄有功，便可"必揽英雄之心""必得天下人才追随"，如此便可达成"得人心者得天下，得人才者得天下"的最高人才管理境界。

"务揽英雄之心"为人才管理所追求的最高目标，信任和依赖人才并整合他们协同发展则是这一目标的延伸。

"夫为国之道，恃贤与民，信贤如腹心，使民如四肢，则策无遗。所适如肢体相随，骨节相救，天道自然，其巧无间"。

如此，以"重人心"为指导，借助"信任高层次人才如同自己的心腹，使用一般人才如同自己的四肢"这种设计，便可以达成组织行动如同"四肢与躯干一样协调，骨节之间相互照应一样"的"浑然天成，巧妙无间"的发展状态。有了这样的状态，则人才管理的工作便可以取得成功。

收揽英雄之心，除了要做好以上四个方面的工作以外，黄石公还给出了"察众心，施百务"的二十种具体方法，这些方法因人才之所好恶而定，因人才之所需求而用，即"危者安之，惧者欢之，叛者还之，冤者原之，诉者察之，卑者贵之，强者抑之，敌者残之，贪者丰之，欲者使之，畏者隐之，谋者近之，谗者覆之，毁者复之，反者废之，横者挫之，满者损之，归者招之，服者活之，降者脱之"。

对于这二十种方法，可以解读如下：

处境危险的人要使他平安无事；

心怀忧惧的人要使他欢愉高兴；

背叛逃亡的人要使他重新归来；

含冤受屈的人要给以昭雪平反；

上告申诉的人要为他调查清楚；

地位卑贱的人要使他变得尊贵；

强横不法的人要对他加以抑制；

与我为敌的人要使他遭到毁灭；

贪婪爱财的人要给他更多财物；

愿意效力的人要对他加以任用；

怕人揭短的人要帮他加以隐讳；

对有智谋韬略的人要对他亲近；

对爱进谗言的人不要予以信任；

对毁谤他人的话要反复加以核实；

对谋反作乱的人必须加以铲除；

对于蛮横的人要让他受挫；

对于骄傲自满的人要给以抑制；

对于倾心归顺的人要给予招抚；

对于已被征服的人要给予安置；

对于已经投降的人要加以宽恕。

以上二十种"揽人心"的工作设计，其总体指导思想可以概括为"正面引导"和"反面消除"。

正面引导是趋之以利，给之所需，从而可以尽取其长，尽得其利。

反面消除是避之以害，除之不该为，从而可以尽释其短，尽除其害。

一正一反两个方面的工作同时进行，便可以营造出"风清气顺""人人争先"的人才管理局面，就可实现尽得天下人才，尽揽天下人心的人才管理目标。

在这二十种方法的运用过程中，还要辅之以"与人才分利"的工作理念，即"获城割之，获地裂之，获财散之"，有如此"共利"和"分享"的思想方可大得人心，久得人心，稳得人心，尽揽天下英雄之心。

### （二）人才管理的思想和方法

《三略》所论之人才管理方法，是基于前面"务揽英雄之心"这一人才管理目标展开的，它的出发点是尽得人心，它的最终目标也是力求尽得人心。因此而采用的具体办法包括：

（1）重视人才。

《三略》所论及的人才管理思想首先在于强调人才的重要性，这一点与《六韬》相同，甚至所用语言都比较接近，"夫将者，国之命也，将能制胜，则国家安定"；而与《六韬》不同之处在于《三略》把这种针对人才的重视，又提升了一个高度，"伤贤者，殃及三世。蔽贤者，身受其害。嫉贤者，其名不全。进贤者，福流子孙。故君子急于进贤，而美名彰焉"。

（2）崇礼和重禄。

《三略》所强调的第二个人才管理思想是"崇礼"和"重禄"，并具体化为"给之职""给之利""以礼相待"和"道义引导"四种方法。

"夫用兵之要，在崇礼而重禄。礼崇则智士至，禄重则义士轻死。故禄贤不爱财，赏功不逾时，则下力并而敌国削。夫用人之道，尊以爵，赡以财，则士自来。接以礼，励以义，则士死之"。

分析这句话，开篇提出的是"崇礼"和"重禄"两大思想。

"崇礼"说的是礼待人才，规格要高，对于人才要看重，要尊重，要敬重，要达到"崇尚"的标准。

"重禄"说的是与人才分利，力度要大，要分出层次，而且还要注重时效性，"军无财，士不来；军无赏，士不往"，不以利相导，则人才不归。

结论一："崇尚礼节，那么智谋之士就会归附；厚施俸禄，那么侠义之士就会效命"。

结论二："礼待贤士不要吝惜财物，奖赏有功之人不要拖延时间，这样就能够保证各种人才齐心协力而削弱敌国"。

结论三："用人之道，给之以爵位和职务，给之以财物和利益，给之以必要的尊重，并以道义相引导"，如此"给之职""给之利""以礼相待"和"道义引导"四法并用，则人才定会效全力，尽全心，尽职守责，不打折扣。

（3）注重赏罚。

与《六韬》一样，《三略》所强调的第三个人才管理思想是注重针对人才的赏罚。"军以赏为表，以罚为里。赏罚明，则将威行。官人得，则士卒服。所任贤，则敌国畏。"

"将之所以为威者，号令也；战之所以全胜者，军政也；士之所以轻战者，用命也。故将无还令，赏罚必信，如天如地，乃可御人；士卒用命，乃可越境。"

在后一句话中，将无还令是对领导者的要求，允之以利则给之以利，约之以不可为则为之必予之以罚，这样领导者才有威信，才可以使人。约之以赏必以制度设定，罚之不可亦必以制度说明，赏罚有信不可以任领导者一言以定，而应该成其条文，明示于组织，像天地一样不可移易，这样才可以统御大军，才可以使组织不断获胜。

赏罚必信，如天如地，乃可御人。

（4）赋能授权和分类管理。

《三略》所强调的第四个人才管理思想是"赋能授权"和根据人才的不同特点而进行"分类管理"。

针对赋能授权，作者认为，"出军行师，将在自专。进退内御，则功难成"。

针对人才的不同特点而做人才的分类管理，应该"使智，使勇，使贪，使愚。智者，乐立其功。勇者，好行其志。贪者，邀趋其利。愚者，不顾其死。因其至情而用之，此军之微权也"。

对于智者因乐立其功而助其成功，对于勇者因好行其志而导用其志，对于好利者给其以利而成组织之大利，对于执着之人辅其条件而助其成事。这样，因人施术，因不同所好而用人之所长，则人人可以成功，组织的共同目标与战略愿景可以实现。这一人才管理方法暗含"将欲取之，必先予之"的领导之道，是高层次人才管理所必须要遵守的原则。这样做的结果是细分人之所需而尽量满足人之所好，则高绩效的组织可成，组织的高绩效可以实现。

# 五、管子的人才之道

管子的人才之道体现在《管子》一书中，此书包罗万象，有道家的言论，有法家的学说，有兵家的思想，其所论治国、治军、治人、处世、理事，皆博大精深，可以广为后世所借鉴。

## （一）吸引人才之道

（1）吸引人才的最高境界是深得人心。

基于"人性所需"和"人才所求"而收揽天下"人才之心"，是《管子》所论如何吸引人才的主要指导思想，为了强调这一思想，他进行了广泛的论证和说明：

古代的圣王，之所以能够取得盛名广誉，建立丰功伟业，显赫于天下并为后世所铭记，没有听说不是深得人心的。

得人心者得天下。

暴君之所以丧失国家，危及社稷，宗庙颠覆，湮没无闻，从来没有听说不是因为失去民心的。

失人心者失天下。

当今拥有封土的君主，都希望居处安定，行动威严，作战胜利，防务巩固，大的想统一天下，小的要称霸诸侯，如果不重视争取人心，轻者兵败地削，重者身死国灭。

所以说："人心"不可不重视，这是天下的最高准则。

纣王有臣亿万人，也有亿万条心；周武王有臣三千人，却只有一条心。

所以，纣王因为有亿万条心而灭亡，武王因为众人一心而昌盛。

因此，一国之君如果不能协同人心，使人心归己，统一国威，齐整士兵意志，使上面的治理措施贯彻为下面的行为规范，那么，虽有广大的国土，众多的人民，还不能认为是安全的。

所以，欲纳人才，必收其心；如收其心，则得其人；人人归心，上下统一，团结一致，则战无不胜矣。

"政之所兴，在顺民心；政之所废，在逆民心"。

人才管理政策如果不得人心，则吸引人才工作必然会失败。

争夺天下，必须先得人心。

懂得天下大计的，可得人心；只打小算盘的，必失人心。

得天下大多数拥护的，能成王业；得半数拥护的，能成霸业。

因此，圣明君主总是谦恭卑礼来对待天下贤士而加以任用，均分禄食来吸引天下民众而使其臣服。

（2）吸引人才的最高指导原则是让人才可于组织中获利。

"国多财，则远者来，地辟举，则民留处"。

组织有利，远者可来。

组织无发展空间，则近者亦去。

人才去留，首先会基于有利还是无利的判断。

为此，组织若要吸引人才，就必须让人才可以依托组织获利，而且组织本身也必须能够不断地创造更大化的价值。

"让其有利可图"是组织吸引人才的最高指导原则之一，它的出发点源自于人性"趋利避害"的需求。

无论什么类型的管理，如果不考虑人性的需求，则必然失败。

（3）吸引人才的基本思想是先予后取。

"知予之为取者，政之宝也"。

懂得给予就是取得的道理，是治国的法宝，也是能够真正吸引人才的基本思想。

人才所需，组织必给，先予之利，后望其报，人才已得，组织继得，互利共赢，组织先行。

一般人才所需，物质利益居前；高层次人才所需，精神追求为先。

"民恶忧劳，我佚乐之。民恶贫贱，我富贵之，民恶危坠，我存安之。民恶灭绝，我生育之。能佚乐之，则民为之忧劳。能富贵之，则民为之贫贱。能存安之，则民为之危坠。能生育之，则民为之灭绝"。

佚乐人才、富贵人才、存安人才、生育人才，人才就会真正为组织忧劳、为组织贫贱、为组织危坠、为组织灭绝，为组织做任何事情都会在所不惜。

如果不是强调先予后取，而是一味地对人才提要求，苛求其付出，要求无私心地奉献，不计报酬地为组织出谋、出智、出勇、出力，则一定不会吸引到人才，更不会得到人才的长期效力。

## （二）使用人才之道

如何使用人才要有用才之法，用才之法在《管子》一书中多有提及，并有深刻的分析。

纵观管子的这些关于人才使用的法则，对于现代企业管理有诸多借鉴意义，尤其是当整个社会偏向于"唯利评价""唯利选人""唯利投奔""无利即弃之"，在"无利即弃之而去"这样一种功利性极强的选人、用人与择业、选单位的趋势下，重新审视管子的人才使用思想，无论是对于企业组织，还是对于处在组织中的个人都具有重大的现实意义。借用管子的这些人才使用法则，不仅可以帮助企业在使用人才的时候，能够更加全面地采用包括德、才、绩、劳、能、信、忠等多方面的评价标准，并且还可以帮助企业将其人才管理的工作重新回归到人性趋利避害、人心思安思稳、人才思归属感的更具人文色彩的境界。

（1）使用人才法则之一。

"爵人不论能，禄人不论功，谓之逆"。

使用官职不考虑才能，授予赏禄不考虑功劳，这是错误的做法。

正确的做法是：

量才任能，按功行赏，才当其能，赏当其时，人人信服，组织高效。

（2）使用人才法则之二。

"厚爱利，足以亲之。明智礼，足以教之。上身服以先之。审度量以闲之。乡置师以说道之。然后申之以宪令，劝之以庆赏，振之以刑罚。故百姓皆说为善，则暴乱之行无由至矣"。

为上者能够向人才厚施恩，广施利，就可以亲近人才，人才为之所亲则必能为之所用。

为上者能够宣扬智慧和礼仪，就可以教育人才，就可以引导人才，人才不断成熟则有组织不断成长。

为上者以身作则加以示范，审定制度加以防范，设置专人进行指导，然后再用法令加以申明，用奖赏加以鼓励，用刑罚加以威慑，则可得人才尽心相助。

（3）使用人才法则之三。

"错国于不倾之地，积于不涸之仓，藏于不竭之府，下令于流水之原，使民于不争之官，明必死之路，开必得之门。不为不可成，不求不可得，不处不可久，不行不可复。错国于不倾之地者，授有德也；积于不涸之仓者，务五谷也；藏于不竭之府者，养桑麻育六畜也；下令于流水之原者，令顺民心也；使民于不争之官者，使各为其所长也；明必死之路者，严刑罚也；开必得之门者，信庆赏也；不为不可成者，量民力也；不求不可得者，不彊民以其所恶也；不处不可久者，不偷取一世也；不行不可复者，不欺其民也。故授有德，则国安；务五谷，则食足；养桑麻，育六畜，则民富；令顺民心，则威令行；使民各为其所长，则用备；严刑罚，则民远邪；信庆赏，则民轻难；量民力，则事无不成；不彊民以其所恶，则轴伪不生；不偷取一世，则民无怨心；不欺其民，则下亲其上"。

把权力交给有德行的人，组织就可以稳固。

把政令建立在人才所想的基础上，就可以得到人才的遵从。

把人才安置在无所争议的位置上，就可以使人才愿意各尽所长，也能尽展所长。

向人才提出犯错必究其责任、有功则定有奖赏的人才使用理念，就会使人才愿意走正道，不惧艰辛，就可以使组织安定发展，威令得以执行，万事可以成功。

为上者不欺骗人才，就可以获得人才的信赖和拥戴。

（4）使用人才法则之四。

"訾訾之人，勿与任大。謪臣者，可以远举；顾忧者，可与致道。其计也速而忧在近者，往而勿召也。举长者，可远见也；裁大者，众之所比也。美人之怀，定服而勿厌也"。

毁誉有能者而吹抬无能者，这样的人才不能委以重任。

能够谋虑天下的人才，可以与之共图大业。

可以考虑忧患的人才，应该与他共行治理之权。

不要使用那种出主意快但只顾眼前利益的人。

要使用那些有长远眼光的人。

要使用那些有综合能力的人。

领导者最终要用德行来驱动人才效力。

（5）使用人才法则之五。

"君之所审者三：一曰德不当其位；二曰功不当其禄；三曰能不当其官；此三本者，治乱之原也。故国有德义未明于朝者，则不可加以尊位；功力未见于国者，则不可授与重禄；临事不信于民者，则不可使任大官；故德厚而位卑者谓之过；德薄而位尊者谓之失。宁过于君子，而毋失于小人；过于君子，其为怨浅；失于小人，其为祸深；是故国有德义未明于朝而处尊位者，则良臣不进；有功力未见于国而有重禄者，则劳臣不劝；有临事不信于民而任大官者，则材臣不用；三本者审，则下不敢求；三本者不审，则邪臣上通，而便辟制威"。

君主需要审查的问题有三个：一是大臣的品德与地位不相称；二是大臣的功劳与俸禄不相称；三是大臣的能力与官职不相称。这三个根本问题是国家治乱的根源。

总结这句话的意思是品德好、功绩高、能力强者才是人才。

在一个国家里，对于德义没有显著于朝廷的人，不可授予尊高的爵位；对于功业没有表现于全国的人，不可给予优厚的俸禄；对于主事没有取信于人民的人，就不能让他做大官。

德行深厚而授爵低微，叫作"有过"；德行浅薄而授爵尊高，叫作"有失"。因此，在一个国家里，如果有德义不彰显于朝廷而身居高位的人，贤良的大臣就得不到进用；如果有功劳不显著于全国而享有重禄的人，勤奋的大臣就得不到鼓励；如果有主事并未取信于人民而做了大官的人，有才能的大臣就不会出力。

总结这两句话的意思是品德差、功绩小、能力弱者不是人才，不可以重用。

只有把这三个根本问题审查清楚了，臣下才不敢妄求官禄。

如果对这三个根本问题不加审查，奸臣就会与君主接近，君侧小臣就会专权。

（6）使用人才法则之六。

"察身能而受官，不诬于上；谨于法令以治，不阿党；竭能尽力而不尚得，犯难离患而不辞死；受禄不过其功，服位不侈其能，不以毋实虚受者，朝之经臣也。何谓国之经俗？所好恶不违于上，所贵贱不逆于令；毋上拂之事，毋下比之说，毋侈泰之养，毋逾等之服；谨于乡里之行，而不逆于本朝之事者，国之经俗也"。

按个人能力接受官职，不欺骗君主；

严肃执行法令治理国家，不袒护私党；

竭尽能力办事，不追求私利；

遇到国家患难，不贪生怕死；

受禄不超过自己的功劳，官位不超过自己的才能，不平白领受禄赏的，就是朝廷的经臣；

喜好和厌恶，不违背君主的标准；

重视和轻视的事情，不违背法令的规定；

不做与君主意见相反的事，不说偏袒下级的话，不过奢侈的生活，没有越级的服用；

在乡里要有谨慎的行为，而不违背本朝政事的，就是国家的经俗。

人才者，当因能受职，诚实不欺，尽能做事，公而忘私，直面挑战，不惧危险，与上一致，为下表率，勤俭节约，谨言慎行。

# 第三章

## 学习之道

### 一、概述

一个善于学习的人容易成功，一个经常组织学习的企业必然会得到发展。无论到什么时候，智力都是社会进步的第一推动要素。

在中国古代，其实学习并不是一件很容易的事情，也不是所有的人都有资格学习。

于是，人们非常珍惜学习的机会。

而在现代，学习已经成为一种大众化的活动，已经成为全民都可以享有的权利。

无论是谁，只要想学，一切皆有可能。

但是，无论在学校里，还是在企业当中，却并不是所有的人都喜欢学习，都会学习，都能够坚持学习。

这在很多时候让家长、教育工作者和企业管理们者感到很无奈。

学不可以已，然后才能有所成。

学习不可间断，然后才能学有所成。

这是一个必然的规律，没有例外。

可是，又有多少人能够坚持下去。

坚持下去本身就是一种良好的学习态度。

除了要有良好的学习态度以外，还要寻找最好的和最适合的学习方法，还要明确不同时期的学习对象，还要注重学习的效果。

如此学习，可以帮助人成功。

如此学习，可以让人过上更好的生活。

若论学习，或者教人如何学习，中国乃至世界首先想到的就是孔子，孔子不仅自己学习得好，而且还教出了众多会学习的学生，这些学生因为学习好而名扬天下。

他说："君子谋道不谋食。耕也，馁在其中矣；学也，禄在其中矣。君子忧道不忧贫。"

君子谋求道而不谋求衣食。耕田，却常会有饥饿；学习，则能得到俸禄。君子忧虑的是不能求得道，而不是忧虑贫困。

这是最为质朴的学习动机，也是最为现实的学习态度。

凭此，几千年间出了多少英雄人物。

个人谋道不谋食，企业不也应该如此吗？

凭此，也可以造就现代的企业英雄。

# 二、学习的态度

喜欢是一种学习态度。

严谨是一种学习态度。

谦虚是一种学习态度。

坚持是一种学习态度。

在学习这件事情上，每个人都应该坚持这四个态度，或者至少应该有一两个这方面的态度作为基础，才有可能持续学习下去和把学习这件事情做好。

## （一）喜欢

最好的学习态度是什么？

当然是喜欢。

为此，孔子说："知之者不如好之者，好之者不如乐之者。"

懂得它不如喜欢它，喜欢它不如以它为乐事。

天天能够做令自己高兴的事，不仅可以把它做好，甚至还可以把它做到完美。

　　而且天天都能够做令自己高兴的事，这样的人生多么幸福。

　　这也许就是人生应该追求的最高境界。

　　与之相反，不幸福的人，最大的不幸就是天天做自己不喜欢的事情。

　　不喜欢还必须做，怎么办，那就让自己想办法喜欢上它。

　　这是次一等的境界。

　　不喜欢就不做，不做之而不可能成功，于是就不成功。

　　这是最差的境界。

　　孔子又说："生而知之者上也，学而知之者次也；困而学之，又其次也；困而不学，民斯为下矣。"

　　生下来就知道，这是上等人。

　　学习了然后知道，这是次一等的人。

　　遇到了困难而去学习，这是又次一等的人。

　　遇到困难还不学习，这是最下等的人。

　　没有人天生就什么都知道，所以并不存在上等人。

　　学习之后可以知道，不论其学习动机是什么，这是中上等人。

　　下等人在什么情况下都不愿意学习，所以就会一直做下等人。

　　没有人愿意做最下等的人，所以无论喜欢还是不喜欢，都要好好学习。

　　人是社会人，不是低等级动物，所以不能由本性驱使着做事，而应该理性做事。

　　学习可以让人有更多的理性，可以使其更好地做事。

　　所以，孔子说："吾尝终日不食，终夜不寝，以思，无益，不如学也。"

　　这句话的意思是他曾经整天不吃饭，整夜不睡觉，尽自思考，但毫无益处，所以决定还不如去学习。

　　"学如不及，犹恐失之。"

　　学习时总感觉好像赶不上，学到了还总怕失去。

　　这样，才是正确的学习态度。

　　这种态度给人以学习的动力，而且是强大的动力。

　　学习的动力最终会转化成做事的能力。

　　有了做事情的能力，离成功就不远了。

　　没有人不喜欢成功。

为了个人的成功，就应该好好地学习。

## （二）严谨

做事情只是喜欢还不够，还要严谨。

所以，针对学习这件事情，孔子在教导子路时说："由！诲汝知之乎！知之为知之，不知为不知，是知也。"

知道就是知道，不知道就是不知道。

不知道然后通过学习可以知道。

这就是在学习方面应该持有的严谨态度。

## （三）谦虚

在学习方面，还要有谦虚的态度，无论什么人，只要他有所长，都可以成为自己的老师。关于这一点，可见子贡与孔子的问答。

子贡问曰："孔文子何以谓之'文'也？"

孔文子是卫国的一个大夫，他得到了"文"这个字作为谥号，子贡不解，就请教孔子其中的原因。

孔子回答说："敏而好学，不耻下问，是以谓之'文'也。"

他聪敏而又好学，能够向不如自己的人请教而不以此为耻辱，所以他就得到了"文"的谥号。

敏而好学，不耻下问，就是在学习过程当中持有谦虚态度的最好描述。对此，孔子的杰出弟子之一曾参也表达过类似的思想，他说："以能问于不能，以多问于寡；有若无，实若虚，犯而不校。"

虽然自己很有才能，但一样能向才能不如自己的人请教；虽然自己很有学识，但一样能向学识不如自己丰富的人学习；有就好像没有一样，充实就好像虚空一样，即便受人侵犯也不计较。

## （四）坚持

除了喜欢、严谨、谦虚的学习态度应该得到发扬以外，还有一个态度需要学习者坚持，那就是"坚持学习"的态度，对此孔子用四个字进行了概括，即"学而不厌"。孔子说："默而识之，学而不厌，诲人不倦，何有于我哉？"

默默地把所见所闻记在心中，努力学习而不感觉厌弃，教导别人而不知疲倦，这些事对于我有什么困难呢？

努力学习而不感觉厌弃，这对于现代社会的大多数人而言是有困难的。

少数人对此感觉没有困难。

于是他们成功了。

他们的成功就源自于他们的坚持。

所以有人说："坚持就是胜利。"这话一点也不错。

# 三、学习的方法

在现代社会，学习的方法有很多种，学习的工具有很多种，学习的渠道有很多种，以至于人们不知道应该如何选择。

无论学习的方法有多少种，学习的工具有多么先进，学习的渠道有多么丰富，但学习的道理却只有那么两种最适用，且从古代到今天，都适用。

其一为经常复习。

其二为必须思考。

经常复习与认真思考是最有效的学习方法。

对此，孔子说："温故而知新，可以为师矣。"

复习旧的知识而能产生新的见解，这样的人都可以做老师了。

孔子又说："学而时习之，不亦说乎？有朋自远方来，不亦乐乎？人不知而不愠，不亦君子乎？"

在学习过程当中经常复习，这不是一件很愉快的事情吗？

有朋友自远方来，这不是一件很快乐的事情吗？

别人虽然不了解我，但我并不因此而怨恨，这不正是君子的作风吗？

曾参说："吾日三省吾身：为人谋而不忠乎？与朋友交而不信乎？传不习乎？"

我每天都要经常反省自己，包括：

为别人办事是否尽心尽力了？

与朋友交往是不是真诚守信了？

对老师传授的学业是否认真复习了？

经常复习，然后可以有知，并且还可以再求知。

不经常复习，学一点忘一点，还不如不学。

学习而不思考也不如不学，对此，孔子说："学而不思则罔，思而不学则殆。"

只是学习而不思考，就会迷惘不解；只是思考而不学习，就会疑惑不定。

所以，在学习过程当中要思考，在思考的同时要学习，这才是正道。

其实，在学习中思考是发挥学习者主观能动性的一种表现。

英国有一个人，他曾经是世界上私人藏书最多者。他不仅拥有这些藏书，而且还把这些藏书都做了阅读。然而，他并没有为世人留下任何属于他自己的思想。因为，他只是读书，而不做思考。所以，他没有任何创造。

在学习过程中，通过思考而培养创造性的能力，是学习者应该追求的目标。对此，孔子说："不愤不启，不悱不发。举一隅不以三隅反，则不复也。"

在教导学生时，不到他力求明白而未能明白的时候，我不去开导他；不到他想说却又说不出的时候，我不去启发他。如果他不能举一反三，就不再反复地给他举例了。

"举一反三"就是一种在学习当中思考以后获得的能力。

是一种创造力。

没有创造力，个人学习就失败了。

没有创造力，企业经营就不会获得大的成功。

# 四、学习的对象

向谁学习，是学习的一个重要问题。

向书本学习、向老师学习、向社会学习、向实践学习，都可以。

孔子也认为，学习对象应该是多元的，"三人行，必有我师焉；择其善者而从之，其不善者而改之。"

三个人同行，其中一个人就可以做我的老师。

我选择他的优点而学习效法，看到他的不足而借鉴改正。

"盖有不知而作之者，我无是也。多闻，择其善者而从之，多见而识之，知之次也。"

大概有一种无知却喜欢凭空捏造的人吧，我没有这种毛病。

多多地听，选取那些好的便依从它。

多多地看，把看到的都记在心里。

这样学得的知识，仅次于那种生来就知的情况。

任何人都可以成为学习的对象，除了前面讲到的，可以向不如自己的人学习以外，更重要的还是向贤者学习，学习贤者的正道。

为此，孔子说："见贤思齐焉，见不贤而内自省也。"

看见贤者，就想着向他看齐。

看见不贤的人，就反省自己做得怎么样。

孔子又说："君子食无求饱，居无求安，敏于事而慎于言，就有道而正焉，可谓好学也已。"

君子饮食不求饱足，居住不求安适，行事敏捷而言语谨慎，能到有道的人那里辩证是非，这可以说是好学的了。

关于这一点，老子与孔子有相同的看法，他说："故善人者，不善人之师；不善人者，善人之资。不贵其师、不爱其资，虽智大迷，是谓要妙。"

向善人学习，善人是善人学习的老师。

向不善人也学习，因为不善人是善人学习之借鉴。

不尊重自己的老师，不珍惜要借鉴的对象，再聪明的人也会陷于糊涂。

这是最奥妙的道理。

# 五、学习的效果

学习的效果就是学习的好处。学习有什么好处？学习当然有很多好处。

它可以帮助人们认知世界。

它可以帮助人们改造世界。

它可以帮助人们成功。

它可以帮助人们走正道，做个好人，而不做让人讨厌的人。

对此，孔子说："君子博学于文，约之以礼，亦可以弗畔矣夫！"

君子广泛地学习文献，并以礼约束自己，也就能不背离正道。

关于学习的好处，孔子在和子路的一次对话当中曾经做过仔细的梳理。

孔子说："由也！汝闻六言六蔽矣乎？"

孔子问子路，仲由啊，你听到过六个字概括的品德以及六种弊病吗？

子路回答说："未也。"

子路回答说不知道。

孔子说："居！吾语汝。好仁不好学，其蔽也愚；好知不好学，其蔽也荡；好信不好学，其蔽也贼；好直不好学，其蔽也绞；好勇不好学，其蔽也乱；好刚不好学，其蔽也狂。"

孔子让子路坐好了，然后说：

喜爱仁德而不喜欢学习，它的弊病就是愚蠢而不聪明。

喜爱聪明而不喜欢学习，它的弊病就是放荡不羁。

喜爱诚信而不喜欢学习，它的弊病是自己反受伤害。

喜爱直率而不喜欢学习，它的弊病是偏激尖刻。

喜爱勇敢而不喜欢学习，它的弊病是作乱惹祸。

喜爱刚强而不喜欢学习，它的弊病是轻率狂妄。

再次整理孔子这些话的意思，可知：

一个人如果是个好人，而且还喜欢学习，他就是一个聪明的好人。

如果一个人不聪明，他想做好人好事，也困难。

一个聪明的人如果还喜欢学习，他就不会放荡不羁，做事就会非常得体，做事得体的人，会得到别人的敬重和喜欢。

一个真诚守信的人如果喜欢学习，他就可以保护自己而不会因此受到伤害。

如果一个真诚守信的人经常受到伤害，他就不会再坚持做真诚守信的人。

一个性格直率的人，如果喜欢学习，他就不会偏激尖刻。

如果一个直率的人偏激尖刻，他同样可以伤害到别人，同样也不会得到别人的喜欢。

一个勇敢的人，如果还能好好地学习，他就不会盲目地表现他的勇敢，他就不会作乱惹祸。

老子说："勇于敢则杀，勇于不敢则活。"

一个刚强的人如果也喜欢学习，他就不会轻率狂妄，不会轻率狂妄就不会到处树敌。

以上就是孔子所认知的学习的六种好处。

这就是学习的效果。

# 第四章

## 为人之道

### 一、概述

人之所以是人而有别于其他生物的原因在于人的社会属性。

社会是人的集合，人集中在一起时就会形成一定的规则。

人在社会上活动时需要坚守的这些规则就是为人之道。

中国有几千年的发展历史，在几千年当中，社会演化，文明更替，自然会形成众多的为人之道。

在这众多的为人之道中，有一些是具有普适性特点的，一个人如果坚守了这些具有普适性特点的为人之道以后，他就容易获得成功。

这些普适性的为人之道包括：孝道、有追求、有正义感、有德、恕道、君子之道、知足、辩证之道等。

如果一个普通的人坚守了这些为人之道之后，就可以成为一个好人。

如果一个企业家坚守了这些为人之道以后去做企业，就可以成就一个伟大的企业。

相反，如果一个普通人违背了这些为人之道，就会受人唾弃，就很难在社会上立足。

如果一个企业家违背了这些为人之道去经营企业，他或可一时得利，但却绝对不可能持久。

## 二、基于孝道做一个可以让人信任的人

中国有句古话叫作"百行孝为先"，这说明为人之道首在其孝。

如果一个人对待自家的老人都不好，而对他人好，这容易引起人们的怀疑。人人都会想：其人必然怀有从他人处获利的动机，而且一旦得知从某人处不能再获利时，他必然会远离某人而不珍惜。

这样的人不可取。

这样的人不可交。

这样的人不可用。

这样的人要提防。

不提防这样的人，要么受其伤害，要么为其伤心。

由此可见，孝行是做人的第一要义，孝悌是做人的根本。

针对这一点，孔子的一个杰出弟子有若说："其为人也孝悌，而好犯上者，鲜矣；不好犯上，而好作乱者，未之有也。君子务本，本立而道生。孝悌也者，其为仁之本与！"

为人能够孝敬父母，友爱兄弟，就不会冒犯上级。不会冒犯上级，当然也不会造反作乱。君子致力于做好根本性的事情，根本确立了以后，正道也就随之产生了。孝敬父母，友爱兄弟，应该就是坚守仁道的基础。

坚守了仁道就能做个好人。如果从政会是个好官，如果进入企业会是个好员工，如果管理一方则会成为一个好领导。

一个企业里的员工如果都能够坚守孝道，都能够坚守仁道，这个企业就是一个好企业，是个好企业就具备了大发展的潜力。这是正道，是企业经营之大道。

看看孔子是如何为年轻人描述人生正道的，他说："弟子入则孝，出则悌，谨而信，泛爱众，而亲仁。行有余力，则以学文。"

作为一个年轻人，在家要孝顺父母，出门要尊敬兄弟朋友。

做事要谨慎认真，做人要讲诚信不欺骗。

平时能够主动关爱他人，可以亲近有仁道的人。

这些都做到以后，如果还有余力，就去学习知识。

孝顺父母、友爱兄弟、关心他人、做事认真、诚实守信、热爱学习，这就是

为人之大道。

一个企业如果拥有这样的员工，它怎么可能会不优秀？

在古代，年轻人这样做事就会成为一个正直的人，就能够得到他人的信任和赞许，就能够获得不断成长和发展的机会。在现代，这个道理同样适用。

孔子的另外一个杰出学生子夏，是孔子之后的又一个贤师，他的弟子广布天下，而且多有成就。他说："贤贤易色；事父母，能竭其力；事君，能致其身；与朋友交，言而有信。虽曰未学，吾必谓之学矣。"

看重实际的德行，轻视表面的姿态；侍奉父母要竭尽全力，服务君主要奉献自身，与朋友交往要说话诚实有信。这样的人虽然没有系统地学习过，也一定可以说他很好地学习过了。

根据有若、孔子和子夏的言论可知，一个优秀的人必然要以孝为首德，为做人的根本，在此基础上就可以系统地培养自己的能力和修炼自身的品德，包括忠心、诚实、守信、学习等。

一个员工，有了这些品德作为基础，就可以赢得大多数同事的信服，也会得到领导们的信任。

季康子问孔子："如何才能使百姓恭敬、忠诚而且努力？"

孔子回答道："临之以庄，则敬；孝慈，则忠；举善而教不能，则劝。"

作为领导你要庄重地对待手下，然后他们就会恭敬你；

作为领导你要孝顺老者并且关心少者，如此他们就会对你忠诚；

作为领导你要任用善良的人，并教导能力弱的人，这样他们就会勤奋努力。

一个领导，有了这些品德作为基础，就可以赢得大多数员工的信服，也会得到属下们的信任。

一个充满信任的企业，必然会形成强大的协同力。

一个有着强大协同力的企业，一定会形成强大的战斗力。

一个战斗力强大的企业，必然会成功，而且还会一直成功。

## 三、做一个有追求的人

做人要有志向、有志气、有追求。

孔子说："三军可夺帅也，匹夫不可夺志也。"说得正是这个道理。

孔子最为杰出的学生之一曾参说："可以托六尺之孤，可以寄百里之命，临大节而不可夺也。君子人与？君子人也。"

可以把年幼的孤儿托付给他，可以把国家的政令委任给他，面临重大的事情而不能够动摇他的志向。这种人是君子吗？这种人当然是君子。

是君子就要有大志向。

是君子就能够一直坚持自己的志向。

人人都有志向，则一个企业就会兴旺发达。

人人都做成了君子，则一个社会就会繁荣进步。

做了君子的人，企业和社会可以回报他很多，他因此也进步了，且也成功了。

所以，做君子很好。

人人都做有志向的君子，可以成为企业培养人才的终极目标。

# 四、做一个有德有义的人

孔子说："德不孤，必有邻。"

有德之人不会孤单，必定会有与他亲近的人。

在古代之中国，人们愿意交朋友，而且能够交到至真至诚的朋友。

在现代之中国，人们也愿意交朋友，但是很难交到至真至诚的朋友。

为什么呢？

因为古代中国人比较看重情义。

比较看重一个人的德行。

而现代中国人比较看重功利。

在功利主义的引导下，有时会忽视德行。

可是，对于没有德行的人，即便同样是没有德行者，他也不喜欢。

不喜欢当然不愿意真心交往。

有德行的人是看不上没有德行的人的，看不上还交什么朋友？

所以不会真心交往。

如此，因为不注重德行的原因，现代人很难交到朋友。

很难交到朋友不代表人们不愿意交朋友。

如何才能再次交到朋友呢？

答案就是"德不孤，必有邻。"

一个有德之人不会孤单，必定会有人愿意与他交往。

怎样做才是有德行的表现呢？

帮助他人是一个重要表现。

如果不帮助他人至少也不应该伤害他人，更不应该帮助他人做没有德行的事情。

为此，孔子说："君子成人之美，不成人之恶。小人反是。"

君子成全别人的好事，不促成别人的坏事。

小人却与此相反。

做人除了要追求有德以外，还要有义。

孔子说："君子之于天下也，无适也，无莫也，义之与比。"

君子对于天下之事，没有必定要这样做的，也没有必定不这样做的，所做之事只求合乎道义。

孔子又说："君子义以为质，礼以行之，孙以出之，信以成之。君子哉！"

君子把道义作为行事的根本。

依据礼节来实行它，用谦逊的言辞来表达它，用诚信的态度来完成它。这才是真君子啊！

合乎道义做事就是君子，不在乎道义做事就是小人。

所以孔子说："君子上达，小人下达。"

君子通达于仁义，小人通达于财利。

"君子喻于义，小人喻于利"。

见利思义，得利不失人。

见利忘义，得利而失人。

失利是一时之失，失人是长久之失。

所以说：失人而获利是得不偿失。

所以要：有道义的事就做，没有道义的事就不要做。

一个人如果不做有道义的事，那么这个人就是小人。

一个人见到了有道义的事不敢做，那么这个人就是个胆小鬼。

所以孔子说："非其鬼而祭之，谄也。见义不为，无勇也。"

不应该由你祭祀的鬼你却祭祀他，这是谄媚。

遇见合乎道义的事你却不做，这是没有勇气。

见义勇为，这才是真君子。

# 五、知己知人

老子说："知人者智，自知者明。"

这句话的意思是说：善于了解别人是有智慧，能够了解自己是聪明。

把这句话引入企业管理可知：

作为领导，不了解员工就无法知人善任。

作为员工，不了解领导就无法有效执行。

领导与员工互相不了解，说明双方都缺乏智慧，没有智慧的人在一起工作，就会缺乏效率。

在企业运营过程中，缺乏效率地做事，有时还不如不做。

关于了解自己，有一句老话说得好，叫"人贵有自知之明"。

有"自知之明"者，可以扬长避短。

没有"自知之明"者，可能会随时闹出笑话，甚至会给自己招来风险。

你要了解别人，才好与人合作和交往。

别人也要了解你，才能够与你友好地共事或交流。

到底是了解别人重要呢，还是让别人了解自己重要呢？

其实两者都重要。

如果比较一个优先顺序的话，孔子认为了解别人比别人了解自己更重要一些，他说："不患人之不己知，患不知人也。"

我不担忧别人不了解我，我所担忧的是不了解别人。

孔子为什么会这样想呢？因为："不患人之不己知，患其不能也。"

我不担忧别人不了解我，而是担忧自己没有才能。

自己没有才能，别人了解我又能怎样？

如果我很有才能，还怕别人不知道吗？

所以，不断地提升自己的能力，才是让人了解自己和自己了解自己的关键。

孙子与孔子的想法不一样，他认为了解自己和了解别人同样重要，尤其当这个别人是你的敌人时，你不了解他，他就会打败你。

为此，他说："知己知彼，百战不殆；不知彼而知己，一胜一负；不知彼不知己，每战必败。"

既了解自己，又了解别人，无论作战多少场，都会一直获胜；

只了解自己，而不了解别人，胜负皆有可能；

既不了解自己，也不了解别人，永远也不可能获得胜利。

老子、孔子、孙子这三位是中国古代最有智慧的人，他们说的话不可不信。

所以，我们在现实生活中，既要做到知己，也要做到知人。

因为，善于了解别人是有智慧，能够了解自己是聪明。

我们就是要做有智慧的聪明人。

人人都这样想时，社会才能进步。

# 六、做一个君子

什么样的人是君子，我们认为可以用一句话进行概括，即：

君子就是走正道的有智慧的好人。

不走正道，而走歪门邪道，这样的人不是君子，这样的人君子也不会理他。

没有智慧的人不是君子，因为没有智慧的人，自己都做不好事情，还哪里有精力去帮助别人。

不能帮助别人的人不是君子，只能是个普通人。

专门做坏事的人更不可能是君子。

偶尔做做坏事也不行。

君子只做好事，有时也会做错事，但绝对不会做坏事。

这一点是肯定的。

所以说，君子就是"走正道"的有智慧的好人。

一个有智慧的好人领导着他自己的企业走正道，然后他的企业就会成为一个有良心的企业，就会成就一个伟大的企业。

这一点也是肯定的。

孔子在《论语》中，有大量关于君子的论述，其中最具概括性的一句话是："君子有九思：视思明，听思聪，色思温，貌思恭，言思忠，事思敬，疑思问，忿思难，见得思义。"

君子应该有九种考虑，或者要考虑九件事情：

（1）看的时候要考虑是否看明白了。

（2）听的时候要考虑是否听清楚了。

（3）对于自己的脸色要考虑是否温和。

（4）对于自己的容貌要考虑是否恭敬。

（5）对于自己的言谈要考虑是否忠诚。

（6）做事情时要考虑自己是否认真在做。

（7）遇到疑问时要考虑如何向人请教。

（8）如果要发怒时应该考虑是否有何后患。

（9）在可以获得的时候要考虑这种获得是否符合道义。

做到了以上九点就是君子。

把它们概括一下就是：

看明白，听清楚，待人温和恭敬，做事忠诚认真，可以虚心请教，不可以随便发怒，绝对不做违背道义的事情。

关于君子的行为，孔子曾经以郑国的大夫子产为例进行过探讨，他说："有君子之道四焉：其行己也恭，其事上也敬，其养民也惠，其使民也义。"

子产这个人能做到四个方面的君子之道，包括：

（1）他自己的行为庄重谦逊。

（2）他侍奉君主恭敬有礼。

（3）他以慈惠之心养护民众。

（4）他役使民众合乎道义。

对待领导有礼有敬，对待员工有爱有情，对待自己严格要求。

能够做到这几点的人，就是现代企业的子产。

现代的子产是不可多得的人才。

关于君子的表现，孔子所论实在是极其丰富，下面再选择十条以供借鉴：

（1）质胜文则野，文胜质则史。文质彬彬，然后君子。

朴实胜过文采就会显得粗野，文采胜过朴实就会显得浮夸。文采与朴实两者兼备，这才是君子。

（2）君子坦荡荡，小人长戚戚。

君子心胸宽广，小人经常局促忧愁。

（3）君子和而不同，小人同而不和。

君子讲究行事和谐，但不盲从。小人盲目附从，但却不能和谐。

（4）君子易事而难说也。说之不以道，不说也；及其使人也，器之。小人难事而易说也。说之虽不以道，说也；及其使人也，求备焉。

此处的"说"通"悦"。

君子做事容易，但要得到他的喜欢却很难。不以正道去讨他喜欢的，他不会喜欢，而等到他用人的时候，他会量才而用。

小人做事不容易，但要得到他的喜欢却不难。虽然不以正道去讨他喜欢，他也会喜欢。等到他使用人的时候，他会求全责备。

在一个企业当中，如果执有权力的人都是君子，那么这个企业就会自然而然地走在正道上；而如果执有权力的人都是小人，则这个企业就会乌烟瘴气，就会上下勾结，就会大搞歪门邪道。

表现在用人上，君子行其道，则会形成能者上、不能者让、平庸之辈下的良好氛围；而如果小人行其道，则会用人唯亲，上下巴结，左右逢迎，唯利是图，如此难以形成良好的人才工作环境，甚至会有劣马驱逐良马的情况发生。

（5）君子泰而不骄，小人骄而不泰。

君子舒泰而不骄傲，小人骄傲而不舒泰。

（6）伯夷、叔齐不念旧恶，怨是用希。

君子不记仇，伯夷、叔齐就是这样的人。因为他们不记过去的仇恨，所以别人对他们也很少有怨恨。

（7）君子无所争。必也射乎！揖让而升，下而饮。其争也君子。

君子没有什么可争的事情，如果有，那一定是在射礼上吧！但他们会相互行礼，然后登堂比赛，比赛之后下堂共同饮酒。这样的争才是君子之争。

企业之争也应该如此。

比产品质量，拼服务水平，看谁的品牌受欢迎。

这是君子之争。

抹黑别人，偷窃人家的技术，用虚假信息打击对手。

这是小人之争。

君子之争是正道，可以长久。

小人之争是邪道，只争一时。

争长久者，可以长久获利。

争一时者，只能获得眼前之利，不可持续。

（8）君子道者三：仁者不忧，知者不惑，勇者不惧。

君子所行有三个方面，那就是：有仁德的人不忧愁，有智慧的人不迷惑，有勇气的人不恐惧。

用三个字概括这里孔子所说的君子品质，那就是仁、智、勇。

对比孙子界定人才的要求是：智、信、仁、勇、严。

由此对比可知，是君子就是人才，是人才就具备了君子的品质。

（9）司马牛问君子。子曰："君子不忧不惧。"曰："不忧不惧，斯谓之君子已乎？"子曰："内省不疚，夫何忧何惧？"

司马牛问孔子怎样做才是君子。

孔子说："君子不忧愁也不恐惧。"

司马牛说："不忧愁不恐惧，这就能叫作君子了吗？"

孔子说："他自我反省没有愧疚，那还有什么可以忧愁恐惧的呢？"

（10）法语之言，能无从乎？改之为贵。巽与之言，能无说乎？绎之为贵。说而不绎，从而不改，吾末如之何也已矣。

正言相告的话，能不听从吗？但听后改正错误才可贵。

谦恭赞许的话，听了能不高兴吗？但听后要分析才可贵。

高兴而不加分析，听从而不加改正，这种人我就对他没有办法了。

对于君子是有办法的，对于小人是没有办法的。

因为君子可以做到高兴之际善加分析，听从之后立即改正。

小人则不然。

# 七、不做小人

孔子所说的小人不是坏人，而是普通的人，或者说是有缺点的普通人。

我们这里所说的小人，也不一定是坏人，但是他们有时候连普通人都做不到。

普通人不一定害人，

而小人有时会害人。

害人的小人不能做。

不害人的小人，没有志向，没有追求，没有德义品质，无法成功，不会得到别人的尊敬，所以也不能做。

以下七条可以看作是孔子界定小人的标准，我们不能做这样的人。

（1）色厉而内荏，譬诸小人，其犹穿窬之盗也与？

外表严厉而内心怯弱的人，如果用小人做比喻，大概像那穿墙翻洞的小偷吧？

外表严厉而内心怯弱的人是小人，其表里不一的特性需要我们警惕。

我们不要做色厉内荏的人。

（2）乡原，德之贼也。

貌似忠厚而没有是非的人，是道德的败坏者。

没有是非的人是小人。

我们要是非分明，不能做这样的小人。

（3）道听而途说，德之弃也。

在路上听到传言就四处传播，这是道德所摒弃的。

道听途说，这是极不负责任的行为，也不是君子所为。

所以，我们不要做这样的人。

（4）鄙夫可与事君也与哉？其未得之也，患得之；既得之，患失之。苟患失之，无所不至矣。

那样的鄙夫怎么可以与他一起侍奉君主呢？他在没有得到职位的时候，担心得不到；当他得到职位的时候，又担心失去职位。如果他担心失去职位，那就会无所不用其极了。

患得患失，就不能专心做事。

无所不用其极就会走极端，就会伤害他人。

这都是小人的行为。

我们不能学习。

（5）巧言、令色、足恭，左丘明耻之，丘亦耻之。匿怨而友其人，左丘明耻之，丘亦耻之。

花言巧语，容色伪善，过度恭顺，这种态度，左丘明认为可耻，我也认为可耻。

内心藏着怨恨，表面却与人友善，这种行为，左丘明认为可耻，我也认为可耻。

左丘明是《左传》的作者，是一个有识之士，孔子乐于向他看齐，说明他是一个君子。

是君子就不能花言巧语。

是君子就不能虚伪不实。

是君子就不能表里不一。

是君子就要宽厚待人而不能心存忌恨。

做不到这四点的人，就是小人。

我们不能做这样的小人。

（6）或曰："雍也仁而不佞。"子曰："焉用佞？御人以口给，屡憎于人。不知其仁，焉用佞？"

有人说："冉雍有仁德，但是没有口才。"

孔子说："何必要有口才呢？巧嘴利舌地与人辩对，常常被人讨厌。我不知道雍是否可以称为仁，但何必要有口才呢？"

可以有口才，但不可以卖弄口才。

逞口舌之利，要嘴上威风，结果往往是赢了人面，而失去了人心。

这种做法实不可取。

小人巧嘴利舌地与人辩对，常常被人讨厌。

我们不希望做被人讨厌的人，所以我们不做这样的小人。

（7）狂而不直，侗而不愿，悾悾而信，吾不知之矣。

狂妄而不直率，幼稚而不朴实，貌似诚恳而没有诚信，我真不能懂这样的人。

狂妄不是一种好品德，有这种品德的人往往也会招人厌烦。

不直率是一种坏品德，有这种品德的人一定会被人所不齿。

既狂妄又不直率，那就会有很差的口碑，人人会敬而远之。

人人都喜欢质朴的人，但是没有人喜欢幼稚的人。

人人都不喜欢不质朴的人，尤其不喜欢不质朴还装清纯的人。

很幼稚往往与可笑联系在一起。

不质朴往往与狡猾联系在一起。

当幼稚和不朴实联系在一起时，这样的人同样会让人敬而远之。

貌似诚恳，就是一种虚伪的表现。

没有诚信，是与人交往过程当中的大忌。

貌似诚恳而没有诚信，这样的人一定要敬而远之。

需要敬而远之的人一定是小人。

我们不能做这样的小人。

做了这样的小人就会失人，想成功基本没有可能。

# 八、学会知足

知足者先要知不足。

知不足以后要求进取，求进取以后会有所得，有所得以后却不贪婪。

如此，才是真正的知足。

关于知足这一话题，老子在《道德经》当中有三处精彩的论述，读懂了这三个论述，人生就可以获得大智慧，就可以拥有大幸福。

（1）持而盈之，不如其已；揣而锐之，不可长保。金玉满堂，莫之能守；富贵而骄，自遗其咎。功遂身退，天之道也。

与其装得过满而溢出，不如及早停止灌注；器具捶打过于尖利，不会长久得以保持。纵然金玉堆满堂室，没有谁能够将它守住；身居富贵而不可一世，必然是在自取灾祸。功成名就然后抽身而退，这才符合天道。

（2）名与身孰亲？身与货孰多？得与亡孰病？甚爱必大费，多藏必厚亡。故知足不辱，知止不殆，可以长久。

名声和生命哪一个重要？生命和财货哪一个重要？得到名利和失去名利哪一个更重要？过分爱惜必有重大的损耗，大量藏货必有更多的损失。知道满足就不会遭受耻辱，知道适可而止就不会遇到危险，这样就可以长治久安。

（3）天下有道，却走马以粪；天下无道，戎马生于郊。罪莫厚于甚欲，咎莫憯于欲得，祸莫大于不知足。故知足之足，常足矣。

天下有道政治清明，把奔跑的战马退回去耕作；天下无道政治昏乱，牝马生驹于战地的郊野。没有比多欲更大的罪过，没有比贪心更惨的灾殃，没有比不知足更大的祸患。所以知道满足的这种满足，就是永远的满足。

# 九、用辩证法指导为人处世

做人不可没有底线，要坚持一定的原则。

这是对的。

做人不可过于刚强，而不知道变通。

这也是对的。

世界上本没有绝对的对与不对，而只有辩证法。

用辩证法作为指导思想，既能成全自己，也不会伤害他人。

针对这一点，老子说："曲则全，枉则直；洼则盈，敝则新；少则得，多则惑。是以圣人抱一为天下式。不自见，故明；不自是，故彰；不自伐，故有功；不自矜，故长。夫唯不争，故天下莫能与之争。古之所谓'曲则全'者，岂虚言哉？诚全而归之。"

老子在这里要表达的意思是：

委屈反而能够保全，弯曲反而能够伸直；低洼反而容易充盈，陈旧反而能够更新；欠缺就能获得，贪多反而迷惑。因此圣人守道，作为天下范式。不自我表现，所以是非分明；不自以为是，所以声名昭彰；不自我夸耀，所以能够建立功勋；不自高自大，所以能够领导众人。正因为他不与人争，所以天下之人不能和他竞争。

古人所说的"委屈反而能够保全"，难道说的是空话吗？确实做到周全，就会回归于道。

老子是个辩证法大师，在整个《道德经》当中，无处不体现辩证法的精神，而这些精神正是指导人们处世的原则，内含无穷智慧。下面再举四个例子：

（1）大成若缺，其用不弊。大盈若冲，其用不穷。大直若屈，大巧若拙，大辩若讷。躁胜寒，静胜热。清静为天下正。

大完满好像有欠缺，而它的作用却不会衰竭。大充实好像很空虚，而它的作用却不会穷尽。大直好像弯曲，大巧好像笨拙，大辩好像木讷。运动能抵御严寒，安静能制服炎热，而只有清静才是天下万物的准则。

（2）使我介然有知，行于大道，唯施是畏。大道甚夷，而民好径。

使我稍微有点知识，那么就走在大道上，我最怕的是走上邪路。大道很平坦，而人们却爱走小道。

（3）圣人自知不自见。自爱不自贵。故去彼取此。

圣人有自知之明却不自我显示，有自爱之心却不自以为高贵。所以应该舍弃那个而取这个。

（4）兵强则灭，木强则折。强大处下，柔弱处上。

军队强大就会灭亡，树木强硬就会折断。所以，强大处于劣势，柔弱处于优势。

# 第五章

## 做事之道

### 一、概述

"为人做事"是人之立世的两个主要内容，"为人"有为人之道，"做事"有做事之道，而且这两者之间往往是相通的。

一般而言，如果人能做好，那么事也能做好，至少他会往好的方向去做。

如果人做得明白，事情也会做得清楚，至少他不会稀里糊涂地去做。

经常做好事，说明这个人不坏。

经常把事做好，说明这是个好人，是个能人。

以上所说是通理，不过也有例外。

好人做的事不一定都是好事，他也有可能好心办坏事。

好人不一定都能够把事做好，因为人好不等于能力强，他有时也可能会心有余而力却未必足。

这都正常，但也不正常。

一时做不好事，可以理解。

一直做不好事却不可以原谅。

一个做不好事情的好人，必须通过学习掌握正确的做事之道。

然后把事情做好。

这样才能真正配得上其好人的名分。

一个坏人，如果认真学习了做事之道。

久了，他也就不再是一个坏人。

有谁天生就是坏人呢，他之所以被认为是坏人，那是因为他没有掌握正确的做事之道。

由此可见，掌握做事之道真的很重要。

个人是这样，企业也是这样。

一个企业必须掌握正确的做事之道，然后才能把事情做正确。

一个总是能把事情做正确的企业还会不成功吗？

# 二、做事情要有大智慧

做事情要有大智慧，有了大智慧不仅可以做成事，而且还可以做大事。

对此，可以向老子学习，老子下面一句话当中就包含了做事情的十大智慧。

老子说："为无为，事无事，味无味。大小多少，报怨以德。图难于其易，为大于其细。天下难事，必作于易；天下大事，必作于细。是以圣人终不为大，故能成其大。夫轻诺必寡信，多易必多难。是以圣人犹难之，故终无难矣。"

（1）顺应规律做事，按照规则做事，不要胡乱做事。为无为者不是不作为，而是无违规律之为，是无所不按规则而为。

（2）把事情处理在前端，从而让人看上去好像没有事情发生一样，这样子做事就叫作事无事。

事无事不是不做事，而是轻松做事，是有前瞻性和预见性的做事，平时积极做好准备，遇到事情时就不会手忙脚乱。

（3）品味无味之味，以其初心看待万事万物，就不会为表面现象所困惑。

现象就是现象，无论它有多么复杂的呈现，其背后的本质是不会变的。

所以，掌握了事物发展的本源，以初心看待事情的变化，就能够致之而不会为之所致。

（4）小事也要当作大事办，这是对待事情重视的态度，如果不重视事情，则什么事情都难以做好。

（5）不要嫌弃少，然后才有可能多，积少成多，这是自然的规律，不要做贪功冒进的机会主义者。

（6）用德去报答怨，这样就没有怨，既不怨人，也不怨己，同时还打消了别人再怨的可能，如此没有斤斤计较之心，就可以赢得别人的信任和欣赏。

他人的信任和欣赏无疑是个人成功的最好支持。

（7）天下的难事，都起自于易事，天下的大事，都起自于小事。所以，要做难事必须先将之进行分解，然后让它变成容易之事。要做大事必须先从小事做起，否则一屋不扫何以扫天下。

（8）圣人始终不自以为是，不自以为大，却因此成就了他的大。从大处着眼，从小处着手，坚持不懈，这才是做事情的正道。

（9）做事不要轻易许诺，否则就会缺少诚信。没有了诚信，就失去了再做事情的基础。

（10）不要老是把事情看得很容易，否则就会遇到更多的困难。大智慧的圣人尚且把事情看得很难，这样最终也就没有什么困难了。

看得很难，不是让人害怕，而是一种重视的态度。

重视事情，是做好事情的前提。

老子又说："其安易持，其未兆易谋，其脆易泮，其微易散。为之于未有，治之于未乱。合抱之木，生于毫末；九层之台，起于累土；千里之行，始于足下。为者败之，执者失之，是以圣人无为故无败，无执故无失。民之从事，常于几成而败之。慎终如始，则无败事。是以圣人欲不欲，不贵难得之货；学不学，复众人之所过，以辅万物之自然，而不敢为。"

在老子的这些话中，有些道理在前面的言论中已经有所提及，有些前面还没有提及，下面按其顺序对其进行解读，以探求做人和做事的智慧。

（1）在事物发展的四种不同状态下，要采取不同的应对措施。当事物发展处于稳定的状态时，易于掌控。当事物发展还没有显示出征兆的时候，容易处理。当事物发展还处于脆弱的时候，容易破灭。当事物发展还处于微弱的时候，容易散失。所以，做事情的原则就是：在事情还没有发生时就应该做好准备，在混乱还没有发生时就应该加强治理。

（2）因为多人合抱的大树是从细小的萌芽开始生长的，九层的高台是从最初的土堆起建的，千里的远行必须要从第一步开始走，所以做事情要注意细节，要从小处着手。

英雄所见略同，智者所见也略同，荀子在其名篇《劝学》当中，也有过类似的描述，他说："故不积跬步，无以至千里；不积小流，无以成江海。骐骥一跃，不能十步；驽马十驾，功在不舍。锲而舍之，朽木不折；锲而不舍，金石可镂。"

（3）要辩证地看待得与失。因为有所作为就有可能失败，有所获得就可能会有所失去。不要害怕失败，不胡乱作为就不会失败。不要害怕失去，不过分看重获得就没有什么可以失去。

（4）做事情要从一而终，要坚持不懈，即便到了事情快要结束的时候，依然还要像事情最开始的时候那样认真对待。这样做事，就不会失败。

如果做事情不能慎终如始，那么就有可能功亏一篑，前功尽弃。

（5）以不欲为欲，然后可得。向他人的失败和过往学习，然后就不会再重蹈他人的覆辙。

# 三、做事情要守礼

守礼就是守规范，人人都按规范做事，社会才能正常运转，人与人之间才能保持和谐的关系。

孔子的学生有若说："礼之用，和为贵。先王之道，斯为美；小大由之。有所不行，知和而和，不以礼节之，亦不可行也。"

礼的运用以和谐为贵。过去圣明君主的治政之道，美好的地方就在这里，无论大事还是小事，都这样实行。但是，如果遇到行不通的时候，只是为了和谐而求和谐，不用礼加以节制，那也是不可行的。

关于守礼做事，孔子曾经在教导他最喜爱的弟子颜渊时进行了全面的概括。

颜渊问孔子如何做才是仁。

孔子说："克己复礼为仁。一日克己复礼，天下归仁焉。为仁由己，而由人乎哉？"

约束自己而合于礼，就是仁。只要有一天能够做到约束自己而合于礼，天下的人就会称许你是仁人。实行仁德在于自己，哪在于别人呀？

颜渊问："请问仁的具体条目是什么。"

孔子说："非礼勿视，非礼勿听，非礼勿言，非礼勿动。"

不合于礼的事不看，不合于礼的事不听，不合于礼的话不说，不合于礼的事不做。

颜渊说："我虽然不够聪敏，但让我照这话去做吧。"

如果一个人能够做到非礼勿视、非礼勿听、非礼勿言、非礼勿动这四条，那么他就是一个真正守礼的人。

这样的人在做事情的时候会有自己的原则，会坚持自己的底线，会遵守群体当中的纪律，会牢记规则和规范。

一个人这样做事，他会成为一个让人信任的人。

一个企业这样做事，它就会成为一个让人信任的企业。

无论是个人，还是企业，让人信任都是成功的基石。

孔子说："恭而无礼则劳，慎而无礼则葸，勇而无礼则乱，直而无礼则绞。"

一个人只讲恭敬而不知礼，就会劳倦不安。

一个人只讲谨慎而不知礼，就会胆怯懦弱。

一个人只讲勇敢而不知礼，就会犯上作乱。

一个人只讲直率而不知礼，就会偏激刺人。

恭敬、谨慎、勇敢、直率都是美德，但是这些美德如果离开了礼，就会走向反面。所以说，守礼还是人们养成其他品德的基础。

在现代社会，是否守礼也是判断一个企业成熟与否的标准之一。

如果你想了解一个企业成熟与否，只需看三件事物便可了然：其一是看其有没有企业文化；其二是看其有没有管理制度汇编；其三是看其有没有员工手册。

有了如此三件事物，这个企业便有了守礼的依据。

这三件事物如果做得都很成熟，那么这个企业就具备了可以进行规范管理的基础。

## 四、做事情要遵循先做后说并且多做少说的原则

孔子是一个很有理想的人，但同时也很务实。

他的务实风格体现在少说话多做事上。

他认为：说话要谨慎，做事要谨慎；事做到前面，话说到后面；不做不说，说了就做；说话做事永远不要言过其实。

当孔子的学生之一子张向孔子请教如何才能求官得俸禄的时候，孔子说："多闻阙疑，慎言其馀，则寡尤。多见阙殆，慎行其馀，则寡悔。言寡尤，行寡悔，禄在其中矣。"

多听别人说，自己少说，而且要保留有疑惑的问题，其余可以确定的问题则要谨慎表达，那样就能少有过失。

多看别人做事，自己不做有疑惑的事情，其余可以确定的事情则谨慎实行，那样就能少生后悔。

言语少过失，行事少后悔，官禄就在其中了。

言语少过失，行事少后悔，是做事情时应该追求的目标之一，也是个人成功的条件之一。

当孔子的杰出弟子子贡请教怎样做事才能成为君子时，孔子说："先行其言而后从之。"

这句话的意思就是：对于想说的话首先要付诸行动，然后再说出来。

如果还没有做到，就已经说出去了，而且说得满天飞，以这种风格做事情的人，不是君子。

对于先做后说这一原则，孔子十分看重，而且多有论述：

（1）古者言之不出，耻躬之不逮也。

古人不轻易把话说出口，是因为他们以自己的行为跟不上为可耻。

（2）君子耻其言之过其行。

君子为自己的言语超过了自己的行动而感觉到可耻。

（3）君子欲讷于言而敏于行。

君子出言要迟钝而行事要敏捷。

少说话多做事，是对自己的一种约束，而能够约束自己行为的人，就会少犯错误，就更容易成功。

为此，孔子说："以约失之者鲜矣。"

对自己加以约束而犯过失的情况是很少见的。


# 五、做事情要有君子之风


上一章讲为人之道时专门谈过要做君子，不要做小人，而能否做个君子不仅体现在为人方面，而且也体现在做事方面。

一个人在做事情的时候，要有君子之风，如此不仅可以把事情做好，而且还会因为所做的事情受到别人的尊重。

如何做事才会有君子之风呢？孔子以下言论可供参考：

（1）躬自厚而薄责于人，则远怨矣。

君子做事，责备自己要严格而要求别人要宽厚。

如此做事，就可以远离怨恨。

（2）君子周而不比，小人比而不周。

君子做事情要讲究团结，但不要勾结。

小人正好相反，他们在做事情的时候喜欢勾结，但却不注重团结。

团结力量大。

善于团结别人的人容易成为领导，也容易成功。

（3）当仁，不让于师。

如果是行仁义之事，即便是自己的老师也不能谦让。

一个人在做事情的时候，心中可以有权威，但更要有正道。

如果为了走正道，可以不怕得罪权威，甚至不惜冒犯领导。

如此做事，才是君子。

（4）成事不说，遂事不谏，既往不咎。

君子做事要把握三不原则，即：

已经做过了的事不必再解说；

已经完成的事不必再规劝；

已经过去的事不必再追究。

（5）己欲立而立人，己欲达而达人。

君子做事，自己想立世，也要让别人立身；自己想通达，也要通达别人。

（6）居处恭，执事敬，与人忠。

君子做事，平日态度恭敬，办事严肃认真，对人忠心真诚。

## 六、做事情时要注意的七个方面

（1）名不正、言不顺的事情不做。

孔子做事，很看重名分，他认为名不正则言不顺，言不顺，则事不成。

关于这一点，可见其与子路的一个对话。

子路说："卫国的国君在等着您去治理国政，您将先做什么？"

孔子说:"一定是先辨正名分。"

子路说:"您就迂腐到这种程度啊,何必要正名呢?"

孔子说:"你这小子,太粗野了。君子对于他所不懂的事,应该采取存疑的态度。名分不符其实,言语就不顺于理;言语不顺于理,事情就做不成;事情做不成,礼乐就不能兴起;礼乐不兴,刑罚就不能得当;刑罚不得当,人民就手足无措,不知如何是好。所以君子定下名分,就一定可以言之成理;言之成理,就一定可以成行。君子对自己要说的话,一点都不马虎就是了。"

(2)做事情要有长远打算。

孔子说:"人无远虑,必有近忧。"

一个人如果没有长远的考虑,就一定会有眼前的忧患。

同理,一个企业如果没有长远的规划,就很有可能小富即安,而不能大步前行。

世界上知名的大企业都很注意规划自己的战略,以下可以略举两例:

英国石油公司——我们的战略是致力于为我们的投资者创造价值,使我们所在的社区和社会因为我们而受益。为了实现我们的战略,我们必须建立自己的突出优势,充满活力地管理我们高质量的投资组合,并且发展我们与众不同的能力。我们积极管理一个高价值的上游和下游的投资组合。我们的目标是通过可持续的现金流动与长期分配创造可以分享的价值。

英国石油公司多数年份在世界500强的企业名单上,都可以进入前十位的行列。

汇丰银行——我们制定长期战略,它可以体现我们的企业宗旨和特有优势:①联通世界的业务网络。汇丰银行有一个很好的定位那就是积极参与世界贸易和资金流动。我们遍及全球的服务地域和范围广泛的服务业务让我们有足够的力量可以帮助我们的客户,在它们从小型企业发展成为强大的多元化公司的全过程为之提供服务。②注重财富管理和地方规模的零售业。我们力求最大化地把握社会流动性、财富创造和在我们的优先增长市场长期人口变动所带来的机会。我们将在能实现一定利润规模的市场全面投资零售行业。

汇丰银行在世界500强的排名当中,也一直很靠前,几乎没有出过前五十名。

做事情要有长远打算,但并不等于说考虑事情只看未来,而不注重现在。事实上,能够把未来想清楚的同时,也要把眼前的工作安排好。关于这一点,还是可以向汇丰银行学习，以下是其对于自己长远规划与近期工作安排的统一设计：

在技术发展的不断推进下，商品、服务及金融的全球性流动不断扩大，作为世界排名前30的企业，我们希望到2050年在亚洲、中东及北非的业务量可以翻三倍。这种增长可以促使全球尤其是亚洲上百万人进入中产阶级行列。与此同时，世界60岁及以上人口数量增长会超过一倍，即从2015年到2050年，60岁及以上人口数量会由十亿增长到二十亿。汇丰银行是为数不多的真正意义上的国际化银行，这是其他银行所难以匹敌的。我们的业务网络遍及发展较快的发达市场，拥有多种多样的全球银行经营模式，这种模式可以强有力地提供资金基础，降低各种波动风险，创造稳定的股东回报率，这些都是我们特有的竞争优势。从2011年开始，我们大力改革我们的业务，使其与我们的战略保持一致。2015年6月，根据更新的投资者数据，我们制定计划重新规划我们的业务。我们将资源重组以抓住未来发展的机遇和适应运营环境中产业结构的变化。我们启动了一系列新的行动计划，这些举措将于2017年完成，在2016年2月的年度报告中您可以获悉这些举措的最新发展动态。我们力争到2017年使股东获得超过10个百分点的回报率，并且在未来得到的回报更多；我们力求在调整基数的基础上使年收益更快地超过营业开支；我们致力于实现渐进式股息红利，这种红利独立于集团的长期总体收益率，并且要进一步释放闲置资本。这些举措是解决去年6月更新投资者数据中所提问题的核心元素。解决这些首要问题可以为我们的客户、股东创造更多的价值，并且对汇丰银行的长期可持续发展至关重要。在此过程中，我们企业将保持强劲有力的和利于环境的可持续发展势头。因此，客户会对我们有信心，员工会为我们自豪，同时我们也会赢得社区的信任。

（3）有了过错就一定要改正。

孔子说："过而不改，是谓过矣。"

有了错误而不改正，这才真正成为错误了。

（4）做事情不可犹豫不决。

季文子这个人做事情总是三思而后行。

孔子听说了，就批评他："再，斯可矣。"

考虑两次就行了，想那么多次做什么。

（5）做事情要学会忍耐。

孔子说："小不忍，则乱大谋。"

小事情如果不能够忍耐，就会破坏大谋略。

（6）做事情要注意选择好方法和学习对象。

子贡问如何才能实现仁。

孔子说："工欲善其事，必先利其器。居是邦也，事其大夫之贤者，友其士之仁者。"

工匠要做好他的事，一定会先完善他的工具。

居住在这个国家，就要奉事大夫中的贤者，结交士人中的仁者。

人巧不如家什妙，这是句老话，也是句管用的话。

向有能力的人学习，向有智慧的人学习，久了，自己也变得有能力和有智慧。

如此，就可以更好地做事。

（7）做事情时要坚持四不原则。

孔子认为做事情时不应该犯四种毛病，要做到毋意、毋必、毋固、毋我，即不凭空揣测、不主观臆断、不固执己见、不唯我为是。

# 第六章

## 交往之道

### 一、概述

交往之道，首在交友之道。

交往并不止于交友，还包括与各种人员交往。

但是，如果有了正确的交友之道，则与其他人员交往就有道可循了。

用交友之心交往，则交往无不成矣！

做人是这样。

做生意是这样。

做企业也是这样。

一个企业家如果懂得与员工交朋友，与供应商交朋友，与客户交朋友，与合作伙伴交朋友，则企业无不兴矣！

交友要有道，道不同不相交。

即便相交也不会长久。

交朋友要开心，自己开心，让朋友也开心。

做朋友如果做得不开心，还不如做路人。

交朋友要真心，自己真心，然后才能换得朋友的真心。

用真心交往，就能交到真正的朋友。

每一个真正的朋友都是一笔宝贵的财富。

与朋友交往要掌握度。

可以帮助朋友，但不能主导朋友的行为。

不能只是互相欣赏，还要相互批评勉励。

批评朋友是为了帮助朋友，勉励朋友也是为了帮助朋友。

无论是批评，还是勉励，都不可过度。

掌握好了与朋友交往的度就可以成为益友。

做益友也有益于自己，多一个朋友多一条路，朋友多了路好走。

# 二、道不同不相交

无论是交友之道，还是交往之道，其第一道都是孔子所说的"道不同不相为谋。"

双方所持的道不同，就不互相商议。

双方走的道路不同，就不能够成为朋友。

即便成为朋友，也终有分开的时候。

即便不分开也一定会是貌合神离。

貌合神离式的朋友，除了客套还是客套。

貌合神离式的合作，经不起任何的考验，一有风吹草动，便会各奔东西。

孔子说："君子不重，则不威；学则不固。主忠信，无友不如己者。过则勿惮改。"

君子如果不庄重就不会有威严，他即使学习了也不会牢固。为人要以忠信为主。不要与不同于自己的人交友。有了过失，就不要害怕改正。

这里所说的"不如己者"，不是指在某些方面比不过自己的人，而是指那些"道德品性不同于自己的人"。

一个道德品性与自己不相同的人，必然会持有与自己不一样的立场，立场不一样就会生成不同的世界观、人生观和价值观。

三观不同，还怎么能够成为朋友。

三观不同，还怎么能够共同合作。

所以说，道不同不相交。

即使相交也是为了图一时之利益。

为了一时利益相交者，不会成为朋友，彼此也建立不起长久的合作关系。

针对道、义、利、君子、小人、交朋友这些事情，苏东坡在其《朋党论》当中有过极其精彩的论述，如下：

臣闻朋党之说，自古有之，唯幸人君辨其君子小人而已。

大凡君子与君子以同道为朋，小人与小人以同利为朋，此自然之理也。

然臣谓小人无朋，唯君子则有之。其故何哉？

小人所好者禄利也，所贪者财货也。当其同利之时，暂相党引以为朋者，伪也；及其见利而争先，或利尽而交疏，则反相贼害，虽其兄弟亲戚，不能自保。故臣谓小人无朋，其暂为朋者，伪也。

君子则不然。所守者道义，所行者忠信，所惜者名节。以之修身，则同道而相益；以之事国，则同心而共济；终始如一，此君子之朋也。

故为人君者，但当退小人之伪朋，用君子之真朋，则天下治矣。

# 三、以诚信的心与朋友交往

孔子说："人而无信，不知其可也。大车无輗，小车无軏，其何以行之哉？"

一个人如果没有信用，不知道他还可以做什么。这就好比牛车没有车輗，马车没有车軏，还怎么能够行进呢？

人而无信，不知其可也。

朋友无信，不知其可也。

一个人不讲诚信，你是无论如何也没有办法与他相交的，这样的人你永远看不明白他。

交往也好，交朋友也好，都是以认识和了解为前提的。

无论相交多久，都没有办法了解这个人，彼此还怎么能够成为朋友。

缺少了诚信以后就不会有信任，没有信任的朋友关系不可能维持长久。

曾参说："吾日三省吾身：为人谋而不忠乎？与朋友交而不信乎？传不习乎？"

我每天都要经常反省自己，包括：

为别人办事是否尽心尽力了？

与朋友交往是不是真诚守信了？

对老师传授的学业是否认真复习了？

曾参是孔子最杰出的学生之一，他把与朋友交往是否诚信视为自己做人的原则。

子夏说："贤贤易色；事父母，能竭其力；事君，能致其身；与朋友交，言而有信。虽曰未学，吾必谓之学矣。"

尊崇贤者而改变喜好女色之心。

侍奉父母能尽全力，侍奉君上能不惜性命。

与朋友交往中说话要有诚信。

这样的人即便没有学习，我也一定说他学习过了。

子夏是孔门十哲之一，他也把与朋友交往是不是诚信视为做人的原则之一。

孔子、曾参、子夏这些大贤们是有智慧的，他们看重与朋友交往时的真诚守信，所以他们交到了众多的朋友。

从他们的言谈与实践当中，我们可以坚信：

以诚信的心与朋友交往是可以交到真心朋友的重要前提。

这个前提同样适用于企业与企业之间、企业与客户之间、企业与供应商之间以及企业与员工之间的交往。

人无信不立。

企业无信不立。

整个社会如果失去了诚信的保证，也将无从可立。

# 四、以轻松的心与朋友交往

以轻松的心与朋友交往，首先要在交往的过程当中给予朋友快乐，然后自己也快乐。

如果不快乐，就不要交往。

这是一个极其朴素的道理。

孔子说："学而时习之，不亦说乎？有朋自远方来，不亦乐乎？人不知而不愠，不亦君子乎？"

在学习过程当中经常复习，这不是一件很愉快的事情吗？

有朋友从远方来到，这不是一件很快乐的事情吗？

别人虽然不了解我，但我并不因此而怨恨，这不正是君子的作风吗？

听到朋友要来，内心很快乐。

这说明来的是真朋友，你也真心喜欢你的朋友。

听到朋友要来，内心不快乐，感觉很麻烦。

这说明来的不是真朋友，或者你就不喜欢交朋友。

自己很快乐，当然也会让朋友快乐。

自己不快乐，朋友也不快乐，那还何必要交往呢？

以轻松的心与朋友交往，其次表现在与朋友交往时要掌握一定的度。

当子贡向孔子请教什么是朋友时，孔子说："忠告而善道之，不可则止，毋自辱焉。"

真诚地劝告朋友，好好地引导他，如果他不听从就适可而止，不要自取侮辱。

孔子的这句话有三层意思：

（1）真诚地帮助朋友。

（2）朋友有问题时要及时劝告。

（3）不要伤了朋友之间的和气。

对于真诚地劝告朋友，相互批评勉励，孔子认为这是必须要做的。当子路请教怎样做才可以叫作士时，孔子说："切切偲偲，怡怡如也，可谓士矣。朋友切切偲偲，兄弟怡怡。"

互相批评勉励，和睦相处，就可以叫作士了。

朋友之间互相批评勉励，兄弟之间和顺愉悦。

# 五、做益友不做损友

朋友有益友，也有损友。

益友者，顾名思义就是有益的朋友；损友者，顾名思义就是有害的朋友。

什么样的朋友是益友，什么样的朋友是损友，其实并没有统一的标准。

物以类聚，人以群分，有正人君子，也有邪恶小人。

正人君子视为是益友的，小人也许认为与之交往不利。

小人认为是益友的，君子可能认为与之交往有害，不一而论。

针对这个问题看看孔子是怎么说的，孔子说："益者三友，损者三友。友直，友谅，友多闻，益矣。友便辟，友善柔，友便佞，损矣。"

有益的朋友有三种，有害的朋友有三种。

与正直的人交朋友，与守信义的人交朋友，与见闻广博的人交朋友，是有益的。

与谄媚逢迎的人交朋友，与当面奉承背后诋毁的人交朋友，与巧言善辩的人交朋友，是有害的。

根据孔子的这个说法，益友必须是正直的人，必须是守信义的人，必须是见闻广博的人。

君子与这样的人交往有益。

小人与这样的人交往也有益。

人人都可以受益的朋友，就是真正的益友。

谄媚逢迎的人必有所图谋，与之交往当小心。

当面奉承背后诋毁的人是小人，与之交往要小心。

巧言善辩而其实虚伪的人，与之交往要小心。

需要加倍小心才能与之交往的人，就是损友，因为在交往的过程中，你不仅可能会有所损失，而且还要耗费你的精力保护自己。

交这样的朋友，无益。

与这样的人合作，低效。

所以还是敬而远之的好。

下篇

# 企 业 之 法

# 第七章

## 全面谋划，重视细节

### ——《孙子兵法》第一篇

## 始计第一

孙子曰：兵者，国之大事，死生之地，存亡之道，不可不察也。

故经之以五事，校之以计而索其情：一曰道，二曰天，三曰地，四曰将，五曰法。

道者，令民与上同意也，故可与之死，可与之生，而不畏危也；天者，阴阳、寒暑、时制也；地者，远近、险易、广狭、死生也；将者，智、信、仁、勇、严也；法者，曲制、官道、主用也。凡此五者，将莫不闻，知之者胜，不知者不胜。故校之以计，而索其情，曰：主孰有道？将孰有能？天地孰得？法令孰行？兵众孰强？士卒孰练？赏罚孰明？吾以此知胜负矣。

将听吾计，用之必胜，留之；将不听吾计，用之必败，去之。

计利以听，乃为之势，以佐其外。势者，因利而制权也。

兵者，诡道也。故能而示之不能，用而示之不用，近而示之远，远而示之近。利而诱之，乱而取之，实而备之，强而避之，怒而挠之，卑而骄之，佚而劳之，亲而离之，攻其无备，出其不意。此兵家之胜，不可先传也。

夫未战而庙算胜者，得算多也；未战而庙算不胜者，得算少也。多算胜，少算不胜，而况于无算乎！吾以此观之，胜负见矣。

# 一、概述

《孙子兵法》第一篇首先论"兵事"重要，然后由"兵事"重要引出了"庙算"即"战略谋划"的必要。

经由此篇，我们除了可以学习孙子的"战略重要说"以外，还可以学习孙子所提出的"五点战略分析法""五点人才判断法""判断战略是否成熟的七条标准""势利观""对敌机动灵活的十二诡道"以及"庙算多胜"的思想。

何为"庙算"，"庙算"就是战略分析，就是系统性和战略性的谋划，它的特点可以用八个字进行概括，即全面谋划，重视细节。

谈及"战略"，这里可以先介绍四个概念：

（1）战略。

"战略"是泛指重大的、带有全局性或决定全局的系统性和前瞻性的谋划。这种谋划具有八个方面的特点，包括长远的目的性、全局性、系统性、竞争对抗性、风险性、特异性、相对的稳定性和变动性，以及"战略是因应环境而生，随着环境的变化而动"等。

（2）战略管理。

"战略管理"的概念是相对于"战略"的概念而来的，即组织的高层在对环境、敌我双方情况进行分析的基础上，在预测并深入研究未来发展趋势的前提下，制定长远计划，准备实施条件，通过评价与控制手段来确保战略得以实现的动态过程。

（3）企业战略。

"企业战略"是指企业为了取得竞争优势，谋求长期的生存和稳定发展，在调查预测和把握企业外部环境与内部条件变化的基础上，以正确的战略思想，根据企业目标，对企业较长时期全局的发展做出的纲要性、方向性的决策。

（4）企业战略管理。

"企业战略管理"是指立足于特定市场中的企业，基于对外部环境及内部条件的分析和判断，确定企业经营使命与战略目标，选择各级经营战略方案并依靠自身独特能力将之付诸实施，以及全面进行战略评价与控制、战略准备与储备的系统动态管理过程。

带着这四个概念往下研读《孙子兵法》可以发现，孙子论兵、论战略、论战术、论知天、论知地、论知敌、论知己、论信息、论情报、论慎战、论全胜、论联合、论形势、论虚实、论军争、论机动、论统一等思想都与这四个概念密切相关。

由此可知，孙子兵法虽然是一部古代兵书，但是依然可以用于现代组织管理，尤其是可以运用于现代企业管理；而此篇所讲的重点"庙算"，从现代企业管理的视角看，它其实就是指"战略"及其运作的过程，它要发挥的就是"战略谋划"的作用。

"庙算"作为"战略"的同名词，之所以重要是因为它直接关联着兵事，而"兵者，国之大事，死生之地，存亡之道，不可不察也。"兵事是国家的大事，它关乎百姓生死和国家存亡，非常重要，所以必须要深入地进行研究。

古代对于国家而言，兵事是大事，君主和高级官员们不可以不重视。

现代对于企业而言，战略是大事，企业战略决定着企业的存亡成败，因而不可以不认真谋划。

这就是孙子"战略重要说"给予企业家和企业管理者的第一个启示。

## 二、五点战略分析法

现代企业谋划自身的战略有多种方法，而孙子提出的"五点战略分析法"给我们一种不一样的选择，他说："故经之以五事，校之以计而索其情：一曰道，二曰天，三曰地，四曰将，五曰法。"也就是要从五个方面研究战略问题，一是道，二是天，三是地，四是将，五是法。

孙子的这个"五点战略分析法"全面论及天、地、将、法、道五大要素，其概括性和综合性后世无人能及。

### （一）道

什么是"道"？孙子此处所说的"道"与前面孔子和老子所论的"道"略有不同，此处他在借用"道"这个字来表达一种状态。

也就是说，"道"是一种组织内修的最高境界，是管理者为了实现自己的理想而营造的发展氛围，它的表现就是"令民与上同意也，故可与之死，可与之生，而不畏危也"。

有了这种状态，可以使民众与君主上下同心，上下同德，同生共死，而不害怕任何的艰难险阻。

用更加直白的话描述这种状态就是：

老百姓和君主一条心，永远不离不弃地跟着君主走，始终服从君主的指挥。

这是不是一种很美好的状态？

是不是每一个君主都很渴望这种状态？

但是，不是每一个君主都能够带领他的臣民进入这种状态。

如果一个君主平常不注意亲民，不懂得用人，不注意营造更好的管理氛围，这种状态对于他而言就是可望而不可即。

对比孙子所讲之"道"，这同时也是企业管理的至上追求，即：

所有的员工都跟老板一条心，永远不离不弃地追随老板，服从企业安排，把企业的利益看得与自己的利益一样重要。

这种状态是不是也很美好？

这种状态是不是也很难得？

没有哪个老板不希望进入这种状态，但是也不是所有的老板都能够带领自己的企业进入这种状态。

然而要进入这个状态，首先要求企业家必须有"道"，企业运营必须"遵道而行"。

"企业之道"固然好，而形成企业之道则不易，它首先要求企业家能有共享共赢的理念，并能够将这一理念作为企业发展的战略性指导思想在整个企业坚定地推广下去。

换句话说，能否形成此道的关键取决于企业家的胸怀和格局，取决于企业有没有一个利他、分享、共赢的"企业理念"。

世界上所有知名的大企业都是执此之道而获得成功的，下面可以看两个进入世界排名前一百位的美国企业的企业之道：

（1）美国雪佛龙公司——我们的成功源自于我们的员工和他们的承诺以及用正确的方式去追求结果，这种方式的要求就是负责任地运营，高效率地执行，充分利用创新性的技术，并且为更有利的增长捕捉最新的发展机会。我们的企业使命要求我们：在全世界为了经济的可持续发展和人类的进步提供安全的必需的能源产品；做有能力的员工和有能力的企业并且信守承诺；善于做出正确的选择；要赢得投资人、顾客、政府、地方社区和员工们的赞赏，这不仅仅体现在我们要实现的目标上，还要包括于我们实现目标的过程当中；展现世界一流的绩效水平。

（2）埃克森美孚石油公司——对于战略合作伙伴：我们承诺不断地提高他们投资的长期价值，以不负他们对于我们的信任。通过负责任地运营有利的业务，我们希望投资人能够为此得到超额的回报，而这种承诺就是我们管理公司的主要动力。对于顾客：我们会坚持不懈地发挥我们的能力以确保顾客们能够一如既往地满意。我们承诺不断地创新和及时地反应，并以最具竞争力的价格为顾客提供高质量的产品与服务。对于员工：我们优越的工作环境可以为员工提供有价值的竞争优势。基于这种优势，我们会一直努力地去招募和留住优秀的人才，并且通过不断地培训和发展给他们创造最大的追求成功的机会。我们承诺，通过开放的沟通、信任和公平相待可以为员工们提供一个安全的具有多样化和个性化的工作环境。对于社会：我们承诺在任何工作的地方都保持良好的合作公民形象。我们要坚持高水平的道德标准，遵守法律和法规，尊重当地的以及该国的文化。为了以上这些目标，我们致力于安全地和对环境负责任地运营工作。

分析雪佛龙公司和埃克森美孚石油公司的企业之道不难发现，这些优秀的企业都是把"利他意识""分享精神"和"共赢理念"有机地融入到了企业发展的过程当中，并且据此打造出了适用于公司特点的企业文化。

"利他意识""分享精神"和"共赢理念"就是企业的道，是企业可以获得成功的大道。

道成功，则企业必成功；

没有道，则企业必然不会成功。

## （二）天

什么是"天"？

孙子讲："天者，阴阳、寒暑、时制也。"

天就是昼夜、阴晴、寒暑、季节方面的自然变化，以及因此而创造出的有利于我方的战机。后人习惯于用"天时"一词来代替"天"而作为一个重要的作战条件。

对于"天时"方面的要素，为将者必须给予充分的重视，并且要进行全面的分析，用孙子的话讲，这叫作"知天"。

而"知天""知地""知己""知敌"这"四知"的内容是孙子一再强调的战前必须要做好的功课。

如何"知天"在此篇中孙子没有具体的说明，但是在后面几篇当中，陆续都有介绍。比如在《火攻篇》中，孙子说在干燥的天气有利于火攻，最好的火攻时机应该依照月亮的运行而选择，当月亮运行到箕、壁、翼、轸四个星宿的时候，通常就是起风的日子，在这样的日子最适宜火攻。

用现代企业经营的视角看"天时"，可以把它理解为企业经营的大气候和大环境，诸如政策方针、经济走向、社会变革、技术进步、网络信息的影响等方面的因素。

对于这些因素的分析关系到企业的成败，所以要给予足够的重视。

### (三) 地

什么是"地"？

孙子讲："地者，远近、险易、广狭、死生也。"

地就是指战场位置的远与近，地形的险阻与平坦，地势的开阔与狭窄，以及作战区域是否有利于攻守进退等。后人习惯于用"地利"一词来代替"地"而作为与"天时"同等重要的作战条件。

对于"地利"方面的要素，为将者同样要给予充分的重视，并且同样要进行全面的分析，用孙子的话讲，这叫作"知地"，它与"知天"一样同属于是"四知"的内容。

关于"知地"，孙子给予了无与伦比的重视，在整个兵法十三篇当中，专门论述"知地"内容的就有三篇，即《地形篇》《行军篇》和《九地篇》。

用现代企业经营的视角看，可以把孙子所说的"地"理解为企业对于产业的选择，对于区域市场的判断，以及对于产品在细分市场上的拓展策略等。

### (四) 将——五点人才判断法

什么是将？

用现代企业经营的视角看，将就是人才。

什么是人才？

从孙子的视角看，具备五个方面特质的人就是人才，这五个方面的特质包括"智、信、仁、勇、严"。

依据这五个方面的特质去判断一个人是不是人才的方法，可以称之为"五点人才判断法"：

1. 智

智是对于人才的头号要求，如果是人才，这个人就必须有知识、有智慧、有头脑，善于学习，而且能够创造性地开展工作。

军队渴望有智慧的人才，三军易得，一将难求。

企业同样渴望有智慧的人才，有了这样的人才，企业经营才能获得成功。

但是，有智慧的人才在企业里并不易求，所以企业要下大力气去培养。

可是，很多企业在员工培训和人才培养方面并不愿意投入，这真是极不明智的做法。

如果用数学的方法计算，在人才培养方面投入一分，最终将获得十分的回报。

可是有的企业只看到了要投入一分，却不去想十分回报的事情，从而放弃了在这个方面的努力，这实在是目光短浅！

2. 信

信是讲诚信，这是做人的根，也是人做事的本。

关于诚信，除了孙子以外，其他古代大贤们也多有论述，对后人很有启发意义。

姜太公说："夫诚，畅于天地，通于神明，而况于人乎！"如果守此诚信的原则，就能够畅行于天地之间，上通于神明，更何况是对人呢？

孔子说："人而无信，吾不知其可也。"意思是说：一个人如果不讲诚信，连我也不知道应该拿他怎么办。

老子说："信不足焉，有不信焉。"意思是说：缺乏诚信的领导者，民众自然不会去相信他。除了强调诚信的重要性以外，老子对于如何建立诚信还发表了自己的独到见解，他说："信者信之，不信者亦信之，德信。"讲诚信的人要信任他，不讲诚信的人也要信任他，如此诚信就建立起来了。

诚信也是企业的立企之本，著名企业家沈南鹏先生在论及人才时，就把"诚信"列为人才必须具备的两个特质之一。

在世界最为知名的公司中，多数也都把"诚信"列为企业的重要价值观。

也有企业喜欢把"诚信"拆分成两个价值观，一个是"诚实"，另外一个是"信任"，这样就会赋予"诚信"一词更加丰富的内涵，美国的雪佛龙公司就是这样做的。

分析雪佛龙（Chevron Corporation）公司的价值观体系可以发现，他们公司第一看重的价值观就是"诚实"，用英语描述是"integrity"，而"integrity"这个词除了有"诚实"的意思以外，还有"正直"的意思，也就是说"诚实正直"被公司认为是企业和员工在做人和做事方面应该坚持的第一条准则。

在威瑞森电信（Verizon）、摩根大通（JPMorgan Chase & Co）、波音公司（The Boeing Company）、美国银行（Bank of America）、马拉松原油（Marathon Oil）、花旗集团（Citi Group）、富国银行（Wells Fargo）和宝洁公司（P&G）这些世界顶级企业的价值体系中也都提到了"诚实"的思想，而且绝大多数公司都把它视作企业价值体系的第一价值观，由此可见这些杰出的公司对于"诚实正直"这个价值观的重视。

这样的现象既让我们感到意外，也让我们感到惭愧，我们中国很多企业在设计企业文化时，往往更看重的是拼搏、进取、创新、奋斗、卓越这样激励人心、激励斗志的内容，而很少有企业把"诚实"和"正直"这样涉及为人处世原则的内容放在"企业精神"的第一位。可事实上如果没有了"诚实"作为基础，则所有的追求和奋斗就有可能偏离正确的轨道甚至会出现不择手段的现象，假货、冒牌货、价高质低、以次充好这样的事情就会时有发生。如果是这样，那么一个公司就永远也不可能成为伟大的企业，也不会拥有光明的未来。

除了把"诚实"作为企业价值体系的第一价值观以外，雪佛龙公司还对这一概念进行了解读，这种解读也让我们非常受益，其公司的解读是"我们待人与待己都会坚守诚实的态度，我们在所有的事务处理上都会坚持最高的道德标准，我们说到做到且想到做到，我们对我们的工作和行为高度负责并且义无反顾"。

"我们待人待己都会坚守诚实的态度"，"待人诚实"可以赢得别人的信任和尊重，"待己诚实"就会正确地认识自己，就可以做到实事求是不自欺，从而不会做能力所不及的事情，更不会产生非分之想而犯错误。事实上犯了错误也不要紧，关键是你要敢于承认错误并且努力寻求改进它们的方法。摩根大通有二十条商业原则，其中第十二条是"我们必须建构起这样的文化，它可以基于事实、知识、建设性的争论和热情去追求成功，同时又有勇气去面对常犯的错误。也就是说，我们必须对自己绝对的诚实"。

雪佛龙公司认为，"我们在所有的事务处理上都会坚持最高的道德标准，我们说到做到且想到做到"，前面一句话是对于一个企业能否诚实的最高要求，而后面一句话则是可以实现这一要求的基础保证。"说到做到"是一种诚实，它是做给别人看的，"想到也要做到"是更高一级的诚实，它的思想是别人看不到的但也要去做，想到了却因为别人看不到而不做则不是完全的和完整的诚实表现。"我们对我们的工作和行为高度负责并且义无反顾"，有了义无反顾的想法，那么就绝对不会害怕对人诚实，有了高度负责的自我要求，就必然会有诚实的表现，否则就失去了可以负责和能够负责的基础。

以上是我们对于"诚实"这个价值观的再认识，而事实上有谁不知道这个词的含义呢？有谁不知道为了诚实而应该怎么做呢？知道什么应该做和知道应该怎么做并不等于就真得会去做，可做与不做的结果却是完全不同的，做者可谋大利，可得长远之利；不做者只能得一时之利，只能得一时之小利。如何取舍这一时之利和长远之利其实也是对一个人、一个企业家以及一个企业的考验。

我们再看一下雪佛龙公司所重视的第二个价值观，同样还不是我们习惯上看到的那种激励人心和激励斗志的话语，而是我们感觉像是老生常谈的一个话题，那就是"信任"。可是越是常谈的话题和常见的话语有时越容易被我们忽视，试想一下你现在身边有多少可以信任的人，又有多少人可以信任你。如果一个人真心实意地信任你，你会有什么感觉，是不是很开心？是不是感觉很幸福？一个人是这样，一个企业呢？一个被世人所广泛信任的企业它会有什么样的现在和未来呢？那一定是顾客盈门、财源广进吧！那一定是前途远大、光辉灿烂吧！为了当下的顾客盈门和财源广进以及未来的前途远大和光辉灿烂，我们是不是应该做一个可以让人信任的人，一个可以让人完全信任的企业。对于那些只想着赚钱，只想着眼下一点蝇头小利，却没有远大志向、没有追求的企业家而言，说这种话他们是听不进去的，但绝大多数的企业家不是那样的人，所以他们自然懂得信任与被信任的重要，这是企业发展的本，是根，也是利器。

雪佛龙公司是这样界定信任的，"我们相互信任，彼此尊敬，互相支持，我们每一个人都要努力赢得同事与合作伙伴们的信任"。

事实上，一个人讲诚信，可以受信于人，如此工作和生活会让人变得很轻松；一个领导者如果讲诚信，则可以树威信于内，扬威望于外，从而成就大事业。

真正的智者，自然懂得诚信的重要以及诚信可以给个人、企业与社会带来的益处。

只有非真正聪明者，才会从不讲诚信当中取利，很显然那绝对不是长远之计。

3. 仁

仁者，爱人也，爱人者人恒爱之。

将军爱士兵，士兵爱将军，上下如此相爱，就是"道"，有此"道"做保证，就一定能够打胜仗。

将军不爱士兵，士兵也不爱将军，上下彼此憎恶，行动自然不能统一，不能统一行动的军队当然要打败仗。

企业爱员工，员工爱企业，全员相互关爱，彼此支持，则必然会形成团结一心、共同打拼的企业文化，有此企业之道作保障，企业经营一定能够获得成功。

企业不爱员工，员工不爱企业，企业不关心员工的成长，员工得过且过，不关心企业的利益，如此形成的企业文化当然会使企业走向衰败甚至是灭亡。

4. 勇

勇是勇敢，是勇于进取。

勇是不怕失败，是敢于尝试。

勇是要具备开拓发展的精神，而不是好勇斗狠，逞匹夫之强。

关于勇字一说，在《论语》中孔子有更为丰富的论述：

"仁者必有勇，勇者不必有仁"。

"好勇不好学，其蔽也乱"。

"见义不为，无勇也"。

"君子有勇而无义为乱，小人有勇而无义为盗"。

"勇而无礼则乱"。

"知者不惑，仁者不忧，勇者不惧"。

按照孔子的说法，勇要与仁、与学、与义、与礼、与知相联系，而不能独立地把它列为个人的必备品质。

勇敢却不仁，就有可能成为坏人，就有可能做坏事；

勇敢却不知道学习，就有可能冒进、冲动，就有可能使用不正确的工作方法；

勇敢但不讲道义，就有可能贪污，就有可能助纣为虐，为虎作伥；

勇敢但不知礼，就有可能不遵守规矩，就有可能触犯法律，就有可能破坏制度；

勇敢但无智慧，就不可能有创造力，就会缺乏想象力，就不可能成为组织当中的大责任担当者，也就成不了大事业。

5. 严

严是严格，是严于律己，严格要求属下。

唯有严可以保证政令的统一，唯有严才能打造出铁的纪律，唯有严才能形成强大的战斗力。

以上孙子对于人才的"五点判断法"，对于现代组织管理尤其是现代企业管理有着重要的参考价值。无论现代企业人力资源管理发明出多少个术语，研究出多少个分析工具，最终要形成结论的视角都跳脱不出这五个维度，那就是一个真正的人才必须拥有智、信、仁、勇、严的特质。

一个员工如果具备了这五个方面的特质，即有智慧、讲诚信、有爱心、能勇敢、可以严格要求自己，那他就一定是人才，一定是任何一个企业都渴望得到而又不可多得的大才。

## （五）法

何为法，"法者，曲制、官道、主用也。"

法就是军队的组织编制，将吏的任用、分工和管理，军费军资方面的军法制度。

对于企业而言，法就是管理制度。

任何一个企业都必须建立自己的管理制度体系，而且还要因此生成所有部门、所有岗位的管理流程和工作规范。

这是企业管理的基础。

有了这样规范化的制度管理，再加上鼓励员工开创性地进行工作的奖罚措施，就可以生成企业谋求发展或者谋求更大发展的保证。

世界知名的大企业都非常注重制度体系在企业管理过程当中应该发挥的作用，为此，它们都制定了比较全面的管理规范和管理流程。

以上就是孙子提出的"五点战略分析法"，"凡此五者，将莫不闻，知之者胜，不知之者不胜。"意思是：以上这五个战略要素，虽然每一个将帅都知道，但是只有深入研究这些要素的人才能领会其中的微妙，才能因此而取胜，而那些不深入研究这些要素的人就不能取胜。

古代两军作战是这样。

现代经营管理企业也是这样。

# 三、判断战略成熟与否的七条标准

"道、天、地、将、法"是孙子进行战略分析的五个一级指标，而这五个一级指标看上去还不够具体，所以孙子又将之细化以后，提出了七个二级指标，这七个二级指标可以看作是判断一个组织战略是否成熟的主要标准，它们分别是"主孰有道""将孰有能""天地孰得""法令孰行""兵众孰强""士卒孰练""赏罚孰明"。借由这七条标准，孙子认为就可以判断出哪一方可以获胜，即"吾以此知胜负矣"。

## （一）主孰有道

主孰有道的意思是哪一方的领导者能够赢得民心，成为有道之主。

双方对战时，成为有道之主的一方可以获胜。

即便不是对敌作战，有道之主也可以率领他的组织取得成功。

## （二）将孰有能

将孰有能的意思是看哪一方的将帅有才能，可以独当一面。

双方对战时，可以独当一面的将军容易率领自己的部队取得胜利。

缺乏独当一面人才的一方，在排兵布阵时必然会面对无人可用的窘境。

无人可用，是任何一个组织都不希望出现的状况。

可它恰恰正是众多企业老板们经常要面对的状态。

为了避免出现这种状态，唯有强化人才培养工作。

## （三）天地孰得

天地孰得的意思是看哪一方掌握了天时和地利。

对于企业而言，就是看谁选择了对的发展方向，并在市场上进行了高明的布局。

## （四）法令孰行

法令孰行的意思是看哪一方能够贯彻执行军法条规。

对于企业而言，制度严谨，管理规范，这样才能有实力参与外部竞争。

## （五）兵众孰强

兵众孰强的意思是看哪一方装备优良、实力强大。

兵强马壮的一方虽然不一定能够打胜仗，但是兵也不强马也不壮的一方想打胜仗却只能靠运气和敌人的疏忽。

没有实力就一定没有主导权。

## （六）士卒孰练

士卒孰练的意思是看哪一方的士卒训练有素。

谁天生都不是打仗的料，谁也不可能天生就是人才。

所有的人才，都是经过后天的培养和训练才逐渐成长起来的。

所以，任何一个组织都必须加强人员的训练工作。

经过训练的人员，不仅自己强大，而且还可以与他人形成更加强大的合力。

## （七）赏罚孰明

赏罚孰明是法家的理念，意思是看哪一方的赏罚更加清楚，更加合理，更加有效率。

赏罚孰明一向是建立强大队伍的保证。

赏罚不明一向是军纪涣散的主要源头。

所以，作战双方谁胜谁负，只要看一下各方对于赏罚的态度和做法便可以预知。

以上是孙子所讲的判断战略是否成熟的七条标准，在现代企业管理过程当中是非常适用的。

如果一个企业对照这七条标准都做得比较优秀，那么这个企业就是一个有战略的企业，就是一个有实力的企业，就是一个大有前途的企业。

如果这个企业一直可以按照这七条标准去做，那么它就一定能够取得成功，而且会持续不断地取得成功。

## 四、势利观

除了"五点战略分析法""五点人才判断法"和"判断战略是否成熟的七条标准"以外，孙子在这一篇当中还初步讲到了利与害，势与利的关系。

关于利与害、势与利的分析是整个孙子兵法当中重点强调的内容之一，而在此篇当中，孙子说，"计利以听，乃为之势，以佐其外。势者，因利而制权也。"这句话的意思是：有利的战略决策一经采纳，就要营造一种态势，以有助于对外军事行动。军事态势的营造，要根据己方的有利条件，顺应复杂多变的战场形势。

顺势和造势是战场上获胜的关键，同时也是企业发展能否成功的重要前提。

## 五、对敌机动灵活的十二诡道

"兵者，诡道也，故能而示之不能，用而示之不用，近而示之远，远而示之近。利而诱之，乱而取之，实而备之，强而避之，怒而挠之，卑而骄之，佚而劳之，亲而离之，攻其无备，出其不意。此兵家之胜，不可先传也。"

以上就是孙子著名的十二诡道论，其意思是：

有能力却不过度炫耀——不炫耀是为了保存实力，并且不让敌人摸清我方的底细。

要出兵却装作不采取行动——貌似不采取行动而实际上在行动，这样就可以让敌人麻痹大意而不做防备。

进攻的时间或距离近的，要表现出远，进攻的时间或距离远的，要表现出近——远远近近，虚虚实实，这样可以让敌人搞不清楚我方的作战意图。

以小利诱惑敌人，然后取敌人之大利。

扰乱敌人而趁机战胜它。

遇到实力强大的敌人时，就严加防备它。

如果敌人正值兵强气锐时，就要避开它。

如果敌将性情急躁，就要想办法激怒他。

以卑辞或佯败迷惑敌人，使其骄傲轻战。

如果敌人休整充分，就想办法使其疲惫。

如果敌人团结和睦，就要设法离间他们。

进攻敌人毫无准备之处，出击敌人毫无意料之地。

这就是军事家打败敌人的奥妙，无法事先说明。

以上十二诡道所论当中，最应该为现代企业借鉴的就是"出其不意，攻其不备"，从而借助"人无我有，人有我精，人精我转，人转我升"的指导思想，不断地谋取更为长久的发展。

能够做到"出其不意，攻其不备"的企业往往能够获得更大的胜利。

当然，商场又不同于战场，因为战场上没有双赢，而商战当中可以有双赢或者多赢。

在企业经营过程当中，只要坚持"一切为了客户，为了客户一切，为了一切客户"的服务理念，以及"整合天下资源，开拓天下市场。言行一致，永不负人"的合作理念，就能不必战胜敌人而同样取得胜利。

# 六、庙算多胜

在此篇的结尾，孙子提出了他的著名论断之一，即"夫未战而庙算胜者，得算多也；未战而庙算不胜者，得算少也。多算胜，少算不胜，而况于无算乎！吾以此观之，胜负见矣。"

这句话的意思是：

还没有交战，便可以预测某一方会取胜，这是基于它取胜的条件较多；

还没有交战，便可以预测某一方不会胜，这是基于它取胜的条件较少。

战略谋划全面就有可能取胜，否则就不能取胜，更何况根本不做谋划呢！

依据这些观察，谁胜谁负就会在未战之前便已经看得一清二楚。

孙子这句话是在讲战略的重要性以及对于战略分析应该给予的重视。

根据孙子的这一思想可知：

不谋全局者，不足以谋一域；不谋万世者，不足以谋一时，无论是个人的成长还是企业的成功都应该做好全面谋划工作，同时还要掌握机动灵活的做事方法，并且重视每一项工作的细节。

如此庙算多胜，努力就一定会成功。

# 第八章

## 整合资源，慎重竞争

### ——《孙子兵法》第二篇

## 作战第二

孙子曰：凡用兵之法，驰车千驷，革车千乘，带甲十万，千里馈粮。则内外之费，宾客之用，胶漆之材，车甲之奉，日费千金，然后十万之师举矣。

其用战也胜，久则钝兵挫锐，攻城则力屈，久暴师则国用不足。夫钝兵挫锐，屈力殚货，则诸侯乘其弊而起，虽有智者，不能善其后矣。故兵闻拙速，未睹巧之久也。夫兵久而国利者，未之有也。故不尽知用兵之害者，则不能尽知用兵之利也。

善用兵者，役不再籍，粮不三载，取用于国，因粮于敌，故军食可足也。国之贫于师者远输，远输则百姓贫；近师者贵卖，贵卖则百姓财竭，财竭则急于丘役。力屈财殚，中原内虚于家。百姓之费，十去其七；公家之费，破车罢马，甲胄矢弩，戟楯蔽橹，丘牛大车，十去其六。

故智将务食于敌，食敌一钟，当吾二十钟；萁秆一石，当吾二十石。

故杀敌者，怒也；取敌之利者，货也。车战得车十乘以上，赏其先得者而更其旌旗。车杂而乘之，卒善而养之，是谓胜敌而益强。故兵贵胜，不贵久。

故知兵之将，生民之司命，国家安危之主也。

# 一、概述

孙子兵法第二篇虽然名为"作战"，可是开篇所讲的却是"慎战"，"慎战"的原因在于"求战"不易，耗费巨大。

既然"求战"不易，那么就要深入分析战与不战的利害关系，要在全面分析害的基础上，谨慎地分析利，如此才能使每战都有价值。

这是我们学习此篇的第一个着眼点，将之与企业经营对接，结论是参与竞争并不容易，如果能不竞争最好就不竞争，能够合作就尽量寻求合作。

我们学习此篇的第二个着眼点在于孙子所讲的资源整合观。

孙子在此篇中所讲的资源整合观是一种大的格局，其重点是从敌人那里整合资源，并且还要把敌方的资源有机地融入我方阵营。针对这种思想，可以用一句话来概括，即"天下万物皆可以不为我所有，但皆可为我所用"。

这是一种带有大智慧的资源整合思想，有足够的气魄，可以给予现代企业竞争以无限的遐想与启发。

概括此篇，我们要吸收和转化的思想精华为四句话，三十二个字，即：

求战不易，慎战为先；

及时决策，快速执行；

整合资源，化为己用；

人才重要，大力求才。

# 二、求战不易，慎战为先

为什么说求战不易呢？开篇孙子讲"凡用兵之法，驰车千驷，革车千乘，带甲十万，千里馈粮。则内外之费，宾客之用，胶漆之材，车甲之奉，日费千金，然后十万之师举矣"。

在中国古代，每个诸侯国的人口都不过百万，而且每个国家所拥有的资金也非常有限，可是为了战争，动辄要出动十万人马，而且还要每天花费千金，这当然是一件很不容易的事情。也正是因为它不容易，所以孙子在第一篇当中才说，

"兵者，国之大事，死生之地，存亡之道，不可不察也"。

把以上内容用现代语言进行表述，其意思是：凡是作战的一般规律，需要动用一千乘轻型战车，一千乘重型战车，十万名全副武装的士卒，此外还要运行千里输送粮草。为此，前方与后方的花费每天都要以千金进行计算，这些费用包括前方与后方的军费开支、外交费用、制作与维修兵车和弓箭的材料费、武器装备的保养费等。只有当这些准备充分以后，才能让十万大军开赴战场。

解读这些内容，可以得出以下几点启示：

（1）对敌作战必须做好充分的准备。

（2）对敌作战的准备工作要重视细节，不可有所偏失。

（3）战与不战要量力而行，可胜则战，无必胜把握则不战，没有做好充分准备就坚决不战。

（4）为求一胜，我方必须具备足够的实力，必须具备强大的资源整合能力。

将以上思想引入现代企业经营，要求管理者们做到如下几点：

（1）凡是工作，都应该认真准备实施的条件。

（2）凡是准备工作，都必须重视细节。

（3）慎重参与竞争，不要发起没有把握的进攻。

（4）在企业所有的能力当中，最重要的一个能力当属资源整合能力，不具备整合资源能力的人不可以担任高管。

# 三、及时决策，快速执行

既然克敌不易，耗费良多，则真正对战之时，就不能久拖而该力求速胜，于是孙子接上文提出了他著名的"速胜"理论，即："其用战也胜，久则钝兵挫锐，攻城则力屈，久暴师则国用不足。夫钝兵挫锐，屈力殚货，则诸侯乘其弊而起，虽有智者不能善其后矣。故兵闻拙速，未睹巧之久也。夫兵久而国利者，未之有也。"

解释这些语言，其意思为：用兵作战应求速胜，否则时间拖得久了会使部队疲惫，士气受挫，攻城会感到气力不足，长久驻师于外会使国家财政紧张。部队疲惫，士气受挫，人力与物力被耗尽，其他国家就会借机攻打，如此即便足智多谋的人也难以挽回败局。所以，在军事上听说过那种因指挥笨拙而速战失败的人，却没有听说因指挥巧妙而战争久拖不决的人。从没有听说过战争拖得久了反而对国家有好处的事情发生。

"夫兵久而国利者，未之有也。"

这句话是重点，是结论，将之引于现代企业经营，就要求其领导人决策要快，员工执行力要强，一旦决定之项目、决定之工作，必须快速推进，强力执行，决不能犹豫不定，拖泥带水。

纵观中国成功企业，横向对比世界各国之优秀企业可知，"及时决策、快速执行"皆为企业制胜的主要法宝。

相反，领导者不善决策，瞻前顾后，前怕狼后怕虎，员工有令不行，有禁不止，推三步走一步，则这样的企业很难成功。

为了强调以上思想，孙子还说："故不尽知用兵之害者，则不能尽知用兵之利也。"这句话的意思就是如果不知道用兵的危害，则不能尽知用兵的好处，为了尽获用兵的好处，首先必须充分了解用兵可能出现的危害。

如果断绝了一切可能出现的危害，则剩下的当然就都是用兵的好处。

犹豫再三，久拖不决就是用兵的最大危害；抓住时机，以速度取胜就能够创造最大的胜利。

这是规律，也是辩证思维。

正所谓英雄所见略同，姜太公在《六韬》中也谈及此话题，他说："用兵之害，犹豫最大；三军之灾，莫过狐疑。善者见利不失，遇时不疑，失利后时，反受其殃。故智者从之而不释，巧者一决而不犹豫，是以疾雷不及掩耳，迅电不及瞑目，赴之若惊，用之若狂，当之者破，近之者亡，孰能御之？"

这些话的意思是：善于指挥作战的人，看到有利的情况绝不放过，遇到有利的战机绝不迟疑。否则，失掉有利条件放过有利战机，自己反而会遭受祸殃。所以，明智的指挥者抓住战机就不放过，机智的指挥者一经决定就绝不迟疑。只有这样，投入战斗才能像迅雷使人不及掩耳，像闪电使人不及闭目，前进时有如惊马奔驰，作战时有如狂风迅猛。阻挡它的就被击破，靠近它的都被消灭，这样的军队谁还能抵抗呢？

因为"用兵之害，犹豫最大；三军之灾，莫过狐疑"，所以经营企业必须做到"及时决策，快速执行"，唯有坚守此道，企业才能成功。

# 四、整合资源，化为己用

孙子的大资源整合观出现在下面这些话中，他先是分析了资源整合之不易，然后又明确提出了从敌人处也要整合资源的理念。

"善用兵者，役不再籍，粮不三载，取用于国，因粮于敌，故军食可足也。国之贫于师者远输，远输则百姓贫；近师者贵卖，贵卖则百姓财竭，财竭则急于丘役。力屈财殚，中原内虚于家。百姓之费，十去其七；公家之费，破车罢马，甲胄矢弩，戟楯蔽橹，丘牛大车，十去其六。故智将务食于敌，食敌一钟，当吾二十钟；萁秆一石，当吾二十石。"

解释这些话的意思是：善于用兵的人，不会多次按照名册征发兵役，也不会多次运送军粮。武器装备从国内取用，而粮草可以从敌人处补充，这样粮草供给就能充足。国家之所以因打仗而贫困，就在于粮草的长途运输，长途运输就会影响百姓的生活，使他们陷于贫困；驻军附近会物价上涨，而物价上涨会导致国家财力枯竭，财力枯竭就会加紧征收军赋。力量耗尽、财力枯竭，国中就会家室空虚。百姓的资产会耗去十分之七；国家的资产会因战车、马匹的损耗，以及铠甲、头盔、箭、弓、戟、盾等武器装备的消耗，还有大牛与辎重的耗损，而费掉十分之六。所以，明智的将领务求在敌国解决粮草问题，消耗敌人一石粮食，相当于从本国运输二十石粮食；消耗敌人一石饲料，相当于从本国运输二十石饲料。

借鉴孙子以上所说"取用于国，因粮于敌"的思想可知：

在现代企业经营过程中，完全依靠自身的资源和能力是可以小胜的，但是如果要谋取大胜，则必须要联合一切可以联合的力量，要借助一切可以借助的资源，要建立十分广泛的利益共同体，有时还要把竞争对手拉过来成为合作伙伴。

大的资源整合除了企业家要有大的格局和大的谋划之外，同样也需要各级管理者以及企业员工共同努力。

老板定战略，人才执行战略。

人才执行战略的原因除了看出战略执行以后对于企业发展的促进以外，还应该看到对于自己收益的提升。

如果人才没有得到有效的激励，则再好的战略也终将成为一纸空文。

如何激励人才用最好的状态去执行战略呢？如何让各级管理者与员工能够主动去整合资源，或者积极地参与资源整合的工作呢？关于这一点可以借鉴孙子的另外一个思想，即"故杀敌者，怒也；取敌之利者，货也。车战得车十乘以上，赏其先得者而更其旌旗。车杂而乘之，卒善而养之，是谓胜敌而益强。"

这句话的意思是说：要使士卒奋勇杀敌，就要激发他们的仇恨心理；要使士卒夺取敌人的财货，就要给予他们物质鼓励。所以车战时，能够缴获敌人十乘战车以上的，就要奖赏那个先缴获战车的人。此外，还要将缴获战车上的敌方旌旗换成我方的，将缴获的战车与我方战车交错编排使用，使俘获的士卒得到善待和抚养，这就叫作战胜了敌人，自己也更加强大。

分析这些话，可以得到以下几点启示：

（1）在现代企业经营过程中，无须用仇恨激励员工，但可以用成就感激发员工的斗志。

（2）物质鼓励是真实有效的激励方法，对于能够打仗和能够打胜仗的员工必须给予充分的物质奖励，给得越多，激励效果越好。

（3）对于员工的奖励必须要有规范，要说清楚什么样的人应该奖励，工作做到什么程度以后可以获得奖励，以及奖励的额度是多少，这些措施必须在事前给予明确。如此不仅可以激励可获奖励之人，而且还能够激励未获奖励而有心想获奖励之人，从而生成很好的示范与引导效用。

（4）对于收编的队伍，或者收购企业的员工要一视同仁，要将他们与企业原先的员工混合编排成为一体。

（5）要力求达到战胜了敌人以后必然强大了自己的效果，而不能杀敌一万，自损三千。

前面我们说过，孙子在此篇当中所讲的资源整合观是一种大格局的整合资源理论，其重点是从敌人那里整合资源，并实现胜敌而益强的目标。这种理论在现实社会当中经常被企业家们使用，比如2015年"滴滴出行公司"合并"快的公司"就是一例。再比如，"58同城"和"赶集网"在2015年的合并也是一例。当然，腾讯入股京东更是经典一例。

# 五、人才重要，大力求才

除了大资源整合观以外，在这一篇当中，孙子还特别强调了为将者对于国家的重要，这就同等于高层次的人才对于企业重要一样。

他说："故知兵之将，生民之司命，国家安危之主也。"懂得用兵规律的将领，他们既是百姓生死的掌控者，也是国家安危的主宰者。

这样的人才，对于国家或者百姓而言，都是不可缺少的。

把这句话应用于现代企业经营中，可以换作"知道经营管理和市场竞争规律的人才，是企业利益的实现者，是企业发展的推动者"。

由此再引申一句话就是"能够大力吸引和大量培养如此人才的企业家，必能在市场竞争中成为最大的收获者"。

# 第九章

## 知己知彼，谋求全胜

### ——《孙子兵法》第三篇

## 谋攻第三

孙子曰：夫用兵之法，全国为上，破国次之；全军为上，破军次之；全旅为上，破旅次之；全卒为上，破卒次之；全伍为上，破伍次之。是故百战百胜，非善之善也；不战而屈人之兵，善之善者也。

故上兵伐谋，其次伐交，其次伐兵，其下攻城。攻城之法，为不得已。修橹轒辒，具器械，三月而后成；距堙，又三月而后已。将不胜其忿而蚁附之，杀士卒三分之一，而城不拔者，此攻之灾也。

故善用兵者，屈人之兵而非战也，拔人之城而非攻也，毁人之国而非久也，必以全争于天下，故兵不顿而利可全，此谋攻之法也。

故用兵之法，十则围之，五则攻之，倍则分之，敌则能战之，少则能逃之，不若则能避之。故小敌之坚，大敌之擒也。

夫将者，国之辅也。辅周则国必强，辅隙则国必弱。

故君之所以患于军者三：不知军之不可以进而谓之进，不知军之不可以退而谓之退，是谓縻军；不知三军之事而同三军之政，则军士惑矣；不知三军之权而同三军之任，则军士疑矣。三军既惑且疑，则诸侯之难至矣。是谓乱军引胜。

故知胜有五：知可以战与不可以战者胜，识众寡之用者胜，上下同欲者胜，以虞待不虞者胜，将能而君不御者胜。此五者，知胜之道也。

故曰：知己知彼，百战不殆；不知彼而知己，一胜一负；不知彼不知己，每战必败。

# 一、概述

孙子兵法第三篇名为"谋攻"，而事实上更多强调的是"不攻"，即"不战"而胜人之兵的思想，它的理论根源还在于上一篇所讲的"慎战"理念，由此得出的结论是追求"全胜"的结果。

除了提出一个"全胜"的理念以外，孙子在此篇中还给出了如何获得"全胜"的丰富韬略，包括以智谋和外交对敌，精确计算敌我双方的力量并据此制定实战策略，强化将帅的作用，界定领导者与执行者的分工，掌握判断是否可胜的五种条件以及重视"知己"和"知敌"的情报等。

# 二、不战而屈人之兵的全胜思想

开篇，孙子说："夫用兵之法，全国为上，破国次之；全军为上，破军次之；全旅为上，破旅次之；全卒为上，破卒次之；全伍为上，破伍次之。"

这句话表达的意思是：用兵的一般规律是使敌人全军完整地向我们投降，这是上策，与之相反攻破敌人的城邑、损伤敌人而取得胜利，这是下策；使敌人的一个军完整地向我们投降此为上策，而攻击取胜敌人的一个军此为下策；使敌人的一个旅完整地向我们投降此为上策，而攻击取胜敌人的一个旅此为下策；使敌人的一个卒完整地向我们投降此为上策，而攻击取胜敌人的一个卒此为下策；使敌人的一个伍完整地向我们投降此为上策，而攻击取胜敌人的一个伍此为下策。

从这句话中可以得出两个结论：

（1）在中国古代尤其是春秋时期的军事建制，由大而小分别是国（全军）、军、旅、卒、伍五个级别，这种组织设计显然不同于当代，但是又与当代的军队建制有一定的对应关系。

除此之外，由这种组织结构还可以看出，自古代以来无论是军队还是政府组织都在使用金字塔式管理模式，这种模式在现代企业经营过程当中受到了一些人的批判和冷落，但是其影响力和在实际运行过程当中的效率还是无法被全盘否定的。

（2）无论与敌人任何建制的军队进行作战，不分规模大小，一律都应该追求全胜和完胜。

为了强调第二层意思，孙子明确地给出了一个结论，即"是故百战百胜，非善之善也；不战而屈人之兵，善之善者也。"这句话的意思是：百战百胜不算是最为高明的胜利，不经交战就使敌人屈服才是最高明的胜利。

百战百胜可能每一次都会杀敌一万，自损三千，赢得凄惨。

但不战而胜于己于敌都不会有所损失，皆大欢喜，大家共赢，当然是高明当中的高明。

如何赢得这种至善之战，在后文中孙子有大量的论述，在此且先把这种思想引入现代企业经营进行联想，可以表现为三个方面：

（1）它可以帮助企业树立共享、共赢的理念，有大的格局，可以与竞争对手合作联盟。

试想，如果竞争双方为了各自的私利而大打出手，往往会闹个两败俱伤，互损元气；而如果竞争双方相互学习，共同协商，都把主要的精力用于服务顾客和提升自己的核心能力上，则双方企业受益，顾客受益，整个行业都会因此而得到健康地发展。以往中国企业动不动就开打价格战，动不动就挖对方的墙脚，结果损害的就不只是一家两家企业，它们伤害的往往是整个行业的发展局面，最后的结局是没有赢家，不是全胜而是全输。

（2）如果因为市场狭小，行业成长空间有限，则需要有实力的企业出来担当大任，合纵连横，建立行业规范，全面提升行业竞争力。如此既可以全面造福行业内的人士，也可以使消费者能够获得更好的服务或更高质量的产品。

（3）所有的企业都应该把提升自己的能力作为优先选项，而不要只想着与其他企业竞争。事实上，如果自己强大了，在行业内占有了优势，则无须与其他同行竞争，就可以获胜。

## 三、不战而屈人之兵的作战方略

除了给出一个"全胜"的战略指导思想以外，孙子还对如何才能不战而屈人之兵提出了自己的方略，即"上兵伐谋，其次伐交，其次伐兵，其下攻城。"这是对敌作战的四个层次：

（1）以谋略相伐，以智慧和韬略取胜而不诉诸武力是上上之选。

（2）挫败敌人的外交，寻找自己的同盟军和外部资源然后共同打击敌人是其次之选；

（3）直接打击敌人的军队，使用武力这是再其次之选。

（4）直接攻打敌人的城邑，进行血拼这是最差之选。

为什么攻打敌人的城邑是最差之选呢？孙子在此给出了说明："攻城之法，为不得已。修橹轒辒，具器械，三月而后成；距堙，又三月而后已。将不胜其忿而蚁附之，杀士卒三分之一，而城不拔者，此攻之灾也。"

这些话的意思是：采用攻打城邑的方法，是出于不得已而为之。制造楼橹，准备飞楼、云梯等器械，需要花费几个月的时间才能完成；堆积用以攻城的高出城墙的土山，又要花费几个月的时间。在这个过程中，如果将领无法克制自己的愤懑情绪，驱赶着士兵像蚂蚁一样攻城，则会损失三分之一的战斗人员，而城邑仍然没有攻下，这就会成为灾难。

因为攻打敌人的城邑代价很大，所以应该慎重选用，这也是一种慎战的态度，它与前一篇的慎战理念相呼应，在上一篇《作战篇》中，孙子说："凡用兵之法，驰车千驷，革车千乘，带甲十万，千里馈粮。则内外之费，宾客之用，胶漆之材，车甲之奉，日费千金，然后十万之师举矣。"劳师远征，日费千金，当然也要慎之又慎。

对于这四个方略，孙子认为应该优先选择使用第一个而尽量避免使用后面两个，如此，"故善用兵者，屈人之兵而非战也，拔人之城而非攻也，毁人之国而非久也，必以全争于天下，故兵不顿而利可全，此谋攻之法也"，善于用兵的人，要做到使敌军屈服而不靠交战，拔取敌人的城邑而不靠强攻，消灭敌人的国家而不靠持久作战，必须以全胜的思想与天下竞争。如此做的好处是可以在不使自己军队受损的情况下而保全自己的利益，这才是以智谋攻敌的韬略。

以智谋攻敌的韬略就是在不使自己军队受损的情况下而保全自己的利益，这句话就是此篇的核心论点，也是对于篇名的最好解读。

## 四、因敌决策，机动灵活

怎样做才算是以智谋取胜呢？这是一个系统工程，其中有一个重要的思想就是灵活对敌，对此孙子说："用兵之法，十则围之，五则攻之，倍则分之，敌则能战之，少则能逃之，不若则能避之。故小敌之坚，大敌之擒也。"这两句话包含了以下几层意思：

（1）用兵的方略在于，如果有十倍于敌人的兵力就包围敌人。

（2）如果有五倍于敌人的兵力就攻打敌人。

（3）如果有两倍于敌人的兵力就要分散敌人。

（4）如果兵力与敌人对等就要设奇兵与之作战。

（5）如果兵力不如敌人多就要避开敌人。

（6）如果兵力比敌人弱就赶快躲避敌人。

（7）如果兵力弱小还要与敌人强拼，那就一定会被强敌擒获。

在这句话中除了列举了灵活用兵的六种情况以外，还明确提出了一个原则，这个原则在其他几篇当中还有更加清楚的界定，那就是要想全胜，首先要立于不败之地，打得过就打，打不过就躲。

"小敌之坚，大敌之擒"，这样的事情坚决不能做。

## 五、将才重要，赋能授权

既然战就要全胜，而且方法说得也很清楚，接着就有一个关键问题需要明确，那就是由什么人来把握这些方法，以及如何判断形势和分析敌我实力。

很显然，孙子并不主张由国君也就是领导者亲自出马，他也不可能事事出马，每战都亲征。既然国君不出马，远在都城，这种重任就落在前敌指挥官身上。所以孙子说："夫将者，国之辅也。辅周则国必强，辅隙则国必弱。"这句话的意思是：将领是国君的辅佐。辅佐全局则国家就必定强大，辅佐存有失误则国家就必定会变弱。

这句话与上一篇《作战篇》中的"故知兵之将，生民之司命，国家安危之主也"相呼应，代表着孙子对于高层次人才的重视态度。

分析这句话，至少可以看出两层内涵：

（1）将领对于国家非常重要，引申一下可以解读为高层次人才是任何一个组织发展都不可或缺的条件，所以国家要重视将领，组织要重视高层次人才。

（2）作为国家之将领，或者作为组织之高层次人才必须具有全局意识，必须拥有综合能力，凡事必须要全面思考，认真规划，注重细节。

把这些思想引入现代企业进行对比，显然就是提示企业要十分重视人才。于古于今，对于人才的重视怎么强调都不会过分。

将领既然决定国家发展之强弱，高层次人才决定组织之兴旺发达，作为领导者就必须信任他、支持他，要给予他们充分的授权，以确保他们可以正确决策、快速执行。有鉴于此，孙子说："故君之所以患于军者三：不知军之不可以进而谓之进，不知军之不可以退而谓之退，是谓縻军；不知三军之事而同三军之政，则军士惑矣；不知三军之权而同三军之任，则军士疑矣。三军既惑且疑，则诸侯之难至矣。是谓乱军引胜。"

由这些话可以看出，孙子认为国君可能对军队造成的危害有三种情况：

（1）不了解军队不可以进攻，却非要军队进攻；不了解军队不可以后退，却非要军队后退，这就叫作束缚军队。

（2）不了解军队的内部事务，却干涉军队的内部管理，如此就会使将士困惑。

（3）不了解军队行动应该灵活机动，却干涉军队的指挥，如此就会使将士产生怀疑。

军队既困惑又充满怀疑，就会给其他诸侯国以可乘之机而引至灾难。这就叫作扰乱军队而使敌人获胜。

分析以上三种情况，可以概括为领导者在不知情的前提下胡乱指挥，严重干扰了将领的临机决策和军队的随机应变，实为不可取，这实际上也可以理解为从反面论证了对于人才赋能授权的必要。

将这种思想引入现代组织管理，就是领导者疑人还用，用人还疑，对于人才缺乏信任，如此怎么可以获胜？

领导者不信任人才，人才会做出三种反应：

（1）离开组织，另觅发展。

（2）由君指挥，不做积极思考。

（3）表面上服从，暗地里自行其是。

以上三种反应对于领导者，对于组织都是不利的，人才离开，则组织失去人才；人才消极做事，渐渐会成为庸才；人才阳奉阴违，破坏团结，影响士气。

从国君的角度看应该如何处理这种事情呢？孙子说："将能而君不御者胜。"这句话表达了两层含义：

（1）将要有能，无能者不可以任其为将，如何看出将有能还是无能，这是国君应该做的事情。

（2）看准了是人才就要放开手使用，而不要过多地干预其工作，如此才能发挥人才的作用。

# 六、判断胜负五点分析法

"将能而君不御者胜"是孙子提出的第二种判断敌我双方谁能取胜的条件之一，这种判断一共有五个条件，我们也可以称之为"五点分析法"。

第一种判断方法出现在第一篇《始计篇》中，在那一篇里，孙子提出了判断战略成熟与否的七条标准，事实上也就是判断敌我双方谁胜谁负的七个条件，即"主孰有道？将孰有能？天地孰得？法令孰行？兵众孰强？士卒孰练？赏罚孰明？"。

在这一篇中孙子提出的是判断胜负的五点分析法，除了"将能而君不御者胜"之外，其他四个方面是"知可以战与不可以战者胜，识众寡之用者胜，上下同欲者胜，以虞待不虞者胜"。把这五个条件放在一起理解就是：

（1）知道可以战或者不可以战者能够取胜；

（2）懂得兵力多时与兵力少时各应该如何用兵者能够取胜；

（3）君主、将领、全军上下同心同德者能够取胜；

（4）准备充分一方应对没有充分准备一方者能够取胜；

（5）将领有能力而君主不干预者能够取胜。

此五者，知胜之道也。

这就是可以预测战争胜负的五个条件。

## 七、知己知彼，百战百胜

针对以上所说的这五个条件，孙子概括出一句经典名言，广为天下人所知，那就是"知己知彼，百战不殆；不知彼而知己，一胜一负；不知彼不知己，每战必败。"这句话表达了决定胜负的三个层次：

（1）既了解自己，又了解对手者，无论作战多少场，都会一直获胜；

（2）只了解自己，而不了解对手者，胜负皆有可能，概率各是百分之五十；

（3）既不了解对手，也不了解自己者，永远也不可能获胜。

了解自己很重要，了解敌人也很重要，了解自己需要信息整理，了解敌人需要收集情报，如何收集敌人的情报，孙子在其兵法十三篇中专门写入了一篇，那就是第十三篇《用间篇》。以专门的篇幅去写一件事情，由此也可以看出孙子对于情报管理的充分重视。

关于"知彼"的问题，可以换一种说法叫作"相敌"，而如何相敌在以后的各篇当中都有论述，尤其是在第九篇《行军篇》中，孙子更是给出了三十二种"相敌"之法。有如此众多的相敌之法，当然可以实现"知彼"的目标，所以在第十篇《地形篇》中，孙子又说："知彼知己，胜乃不殆；知天知地，胜乃不穷。"既了解对方也了解自己，就能获胜而不会失败；既了解天时也了解地利，胜利就会无穷无尽。

"知彼""知己""知天""知地"，是为"四知"也，一部孙子兵法，半部在讲此"四知"，由此更可见信息情报管理的重要。

# 第十章

## 做强自己，把握形势

### ——《孙子兵法》第四篇

## 军形第四

孙子曰：昔之善战者，先为不可胜，以待敌之可胜。不可胜在己，可胜在敌。故善战者，能为不可胜，不能使敌之必可胜。故曰：胜可知，而不可为。

不可胜者，守也；可胜者，攻也。守则不足，攻则有余。善守者藏于九地之下，善攻者动于九天之上，故能自保而全胜也。

见胜不过众人之所知，非善之善者也；战胜而天下曰善，非善之善者也。故举秋毫不为多力，见日月不为明目，闻雷霆不为聪耳。古之所谓善战者，胜于易胜者也。故善战者之胜也，无智名，无勇功，故其战胜不忒。不忒者，其所措必胜，胜已败者也。故善战者，立于不败之地，而不失敌之败也。是故胜兵先胜而后求战，败兵先战而后求胜。善用兵者，修道而保法，故能为胜败之政。

兵法：一曰度，二曰量，三曰数，四曰称，五曰胜。地生度，度生量，量生数，数生称，称生胜。故胜兵若以镒称铢，败兵若以铢称镒。胜者之战民也，若决积水于千仞之溪者，形也。

## 一、概述

孙子兵法第四篇重点描述的是军队的实力建设，以及在实力基础上对战双方的形势转化。

将这种思想引入现代企业经营，同样要强调的是企业自身实力的发展，否则一味地炒作概念，故弄玄虚，不肯踏踏实实地修炼内功，企业即便一时轰轰烈烈，最终也会轰然倒地。

在中国，这样过于炒作而不重视内功的企业真的很多，如此很快消失的企业也不少。

这一篇的具体内容可以概括为五个方面：

（1）做强自己，以待时机。

（2）攻守兼备，进退有法。

（3）充分谋划，战则必胜。

（4）认真准备，尽占优势。

（5）实力至上，水到渠成。

# 二、做强自己，以待时机

在这一篇的开头，孙子说："昔之善战者，先为不可胜，以待敌之可胜。不可胜在己，可胜在敌。故善战者，能为不可胜，不能使敌之必可胜。故曰：胜可知，而不可为。"

这些话的意思是：以往擅长打仗的领导者，通常会首先做到实力强大以使敌人无法战胜，然后等待能够战胜敌人的时机。如何才能做到不被敌人战胜的关键在于自己有实力且不犯错误，而能够战胜敌人的关键在于看他们是否犯错误。所以擅长打仗的领导者，能够做到不被敌人战胜，却不能使敌人必然被战胜。所以说，我军实力强大则胜利是可以预知的，但若仅凭实力强大而敌人却无隙可乘，就不一定能够战胜敌人。

这些话看上去有点绕，原因在于它表达了多重意思：

（1）要想使敌人无法战胜自己，就必须拥有强大的实力。

由这个思想可以引申出两点启示：

第一，包括企业在内的任何一个组织，永远是"实力在说话"，没有实力就没有话语权。

第二，既然实力很重要，所以组织的领导者就必须十分重视修炼内功，而不能只做外强中干的表面功夫。

（2）要想战胜敌人就必须寻找或者等待合适的机会。

把这个思想引入现代企业经营可以得到以下几点启示：

第一，所有的企业如果想使自己得到长足的发展，除了坚持修炼内功以外，还要准确地把握外部机会，所有的企业家都不能埋头在家里搞管理，而应该把目光放到远处，放到产业内或者区域外的其他市场上去寻找有利于企业发展的各种信息。

第二，如果外部机会还不成熟就要耐心等待，而一旦外部机会到了就必须马上出击。

第三，外部机会有可能存在于大环境中，有可能存在于区域市场中，有可能存在于行业中，也有可能存在于竞争对手身上。

第四，能够随时把握竞争对手提供的发展机会，就可以做到迅速壮大自己。当然，这样的机会并不是很容易就会出现，所以要密切关注竞争对手的动态。

（3）要想立于不败之地，必须不犯错误或者少犯错误。

对于企业经营而言，可以引申为两个方面：

第一，出现小的错误是不可避免的，出现了马上改正，而且通过改正小的错误总结经验，可以明确规矩，完善制度，从而健全企业管理，使企业健康快速地发展。

第二，大的错误或者战略性的错误是不能犯的，一旦犯了战略性错误的企业就会迷失方向，就会误判时机，就有可能给予竞争对手吃掉自己的机会，就有可能使自身陷入深渊而无法自拔。

（4）能够战胜敌人的关键在于看出了敌人所犯的错误。

同样，如果敌人只是犯了一些小错误也是无法将之击败的，甚至这些小错误也很难为外人所看破；而如果敌人犯了战略性的错误，则将为我方提供战略性的机遇，我方可以将其战胜，也可以将之变为我们所有，正如第二篇《作战篇》所说，"车杂而乘之，卒善而养之，是谓胜敌而益强"。

（5）做到不被敌人战胜容易，而真正战胜敌人却并不容易。

这主要是因为我方在发展实力，敌方也在发展实力；我方寻找到了战机，敌方也寻找到了战机。

既然战胜敌人不容易，那么可以延伸出两个目标：首先要做到不被敌人战胜；其次也可以与敌人合作，如果能够与敌人合作以谋求更大的发展，这也是最高水平的胜利，这正如第三篇《谋攻篇》所说，"不战而屈人之兵，善之善者也"。

当然，要做到随时与敌人合作，这需要组织领导者有足够大的格局才行，否则心胸狭窄，时时记着对手给自己造成的伤害，就永远也不可能与对手踏上同一条船而并肩前行。

## 三、攻守兼备，进退有法

无论是在古代战场上，还是在现代企业里，有实力和没有实力是不难判断的，比较难于判断的是采用什么方式去获取胜利，以及如何让进攻与防御和自己的实力相对等。

对此，孙子说："不可胜者，守也；可胜者，攻也。守则不足，攻则有余。善守者藏于九地之下，善攻者动于九天之上，故能自保而全胜也。"

这些话的意思是：不能战胜敌人就要采取防御措施，可以战胜敌人就要采取进攻措施。采取防御措施是因为实力还不够强大，采取进攻措施是因为实力非常强大。善于采取防御措施的人将其实力隐藏得如同置于深不可测的地下，善于采取进攻措施的人把其兵力调动得如同从九天之上直降而下，所以既能保护自己，又能取得完全的胜利。

以上这些话比较容易理解：

（1）有实力就进攻，没有实力就防守。

（2）防守是为了更好地进攻，所以要做到隐藏自己的实力，发展自己的实力，以等待合适的时机。

（3）要进攻就要使出全力，全力进攻也是最好的防守。

## 四、充分谋划，战则必胜

全力进攻不等于盲目进攻，在进攻之前必须要做全面的谋划，要追求全胜的结果，要以大实力取胜。为此，孙子说："见胜不过众人之所知，非善之善者也；战胜而天下曰善，非善之善者也。故举秋毫不为多力，见日月不为明目，闻雷霆不为聪耳。古之所谓善战者，胜于易胜者也。故善战者之胜也，无智名，无勇功，故其战胜不忒。不忒者，其所措必胜，胜已败者也。故善战者，立于不败之地，而不失敌之败也。是故胜兵先胜而后求战，败兵先战而后求胜。善用兵者，修道而保法，故能为胜败之政。"

这些话的意思是：预见胜利时没有超过一般人的见识，这不算是高明中的高明；通过争锋力战取得胜利而为一般人说好，这也不算是高明当中最高明的。所以一个人能够举起秋毫不能说明他有力气，能看见日月不能说明他的视力好，能听见雷霆声不能说明他有好听力。古代所说的善于打仗的人，是在容易战胜敌人的情况下取胜的。所以善于打仗的人打了胜仗，既没有智慧的名声，也没有勇武的战功，因此他们能够取得作战胜利，而不会有差错。之所以不会有差错，是因为他们的作战安排能够保证必胜，能够战胜已经陷于失败境地的敌人。善于打仗的人，首先要让自己立于不败之地，而后不失去任何一个击败敌人的机会。所以胜利的军队总是先具备战胜敌人的实力，而后才与敌人决战；失败的军队却总是先冒险与敌人决战，而后期盼侥幸取胜。善于用兵的人，需要研究兵家之道，确保必胜的法度，才能成为战争胜负的主宰。

这些文字虽然比较长，但其核心思想体现在后面五句话上：

(1) 善战者，胜于易胜者也。

善于打仗的人，是在容易战胜敌人的情况下取胜的。

由这句话可以引出三点启示：

第一，有必胜的把握才打，没有必胜的把握不打，在算准了一定能够取胜的前提下坚决去打。这个思想与第三篇《谋攻篇》的"全胜"理念相呼应。

第二，要创造一切条件，让敌人处于弱势，而我方要尽占优势。

第三，对于不易战胜的敌人，就不要主动去打，否则就会犯前文所说的"小敌之坚，大敌之擒"的错误。

以上三条所追求的目标是一致的，即：

不战则已，战则必胜。

(2) 不忒者，其所措必胜，胜已败者也。

之所以不会有差错，是因为作战之前的谋划安排可以保证取得必胜的结果，可以确保战胜已经陷于失败境地的敌人。

这个思想比第一条又进了一步，第一条是要战胜易于取胜的敌人，这一条是要战胜肯定能够取胜的敌人。除此之外，它还与第一篇《始计篇》的结尾相呼应，即"未战而庙算胜者，得算多也；未战而庙算不胜者，得算少也。"如何才能做到战胜必然可以被战胜的敌人呢？那就要在战前做好严密的谋划，要进行充分的准备，要对敌我双方展开全面的分析和对比。

如此，战则必胜。

（3）善战者，立于不败之地，而不失敌之败也。

善于打仗的人，首先要让自己立于不败之地，而后不失去任何一个击败敌人的机会。

这个思想与前文呼应，正是本书要表达的核心理念，先使自己处于不败之地，然后再择机战胜敌人。

如此，战则必胜。

（4）胜兵先胜而后求战，败兵先战而后求胜。

胜利的军队总是先具备战胜敌人的实力，而后才与敌人决战；失败的军队却总是先冒险与敌人决战，而后期盼侥幸取胜。

这个思想不仅是本篇的核心理念，而且也是整个孙子兵法重点阐述的内容，可以视为孙子兵法的灵魂。无论是庙算，还是作战分析、形势判断、知天、知地、知己、知彼、火攻、水攻、用间，这一切的工作都只是为了一个目标，即战则必胜。战则能否胜，不是通过战与不战进行求证，而是要通过一系列的工作预知可胜时再出击，而且一定要做到一击即中。

（5）善用兵者，修道而保法，故能为胜败之政。

善于用兵的人，需要研究兵家之道，确保必胜的法度，才能成为战争胜负的主宰。

在这句话中，于战争之外言战争之事，重点强调了战争能否取胜的两个要素，其中之一是"修道"，其中之二是"保法"。

"修道"是一种学习，是一种以研究的态度认真钻研兵道、兵法的要求，通过"修"以明晓"道"，知晓道理然后才可以指导实战。

"保法"是一种建设，是一种法度建设，有了这种建设，才有规矩方圆，才有奖罚激励，才有获胜保障。

# 五、认真准备，尽占优势

除了法度上的保障以外，战争还要做好物质上的准备。

如何从物质上做准备呢？孙子说："兵法：一曰度，二曰量，三曰数，四曰称，五曰胜。地生度，度生量，量生数，数生称，称生胜。故胜兵若以镒称铢，败兵若以铢称镒。"

这些话的意思是：根据用兵之法，战前的物质准备要掌握以下五大指标：一是度量土地面积，二是计量物产收成，三是计算兵员多寡，四是衡量实力状况，五是预测胜负情状。一个国家的土地质量，决定了它的耕地面积的多少；一个国家的耕地面积，决定了它的粮食收成情况；一个国家的粮食收成，决定了它的兵员数量的多寡；一个国家的兵员数量，决定了它的实力的大小；一个国家的实力大小，决定了它能否在战争中取胜。胜利军队的实力与失败军队的实力对比，其优势之突出就像拿镒与铢比较一样，有几百倍的差距；失败军队的实力与胜利军队的实力进行对比，其劣势之明显就像拿铢与镒比较一样，是反向几百倍的差距。

从这些文字中，我们可以学习的不是古代战争要准备的内容，而是要学习孙子这种层层递进逻辑推理的思想，这也是其所强调的未战而庙算的重要方法和依据。除此之外，孙子在文中还以镒与铢的比较再次强调了敌我双方实力对比的重要性，镒与铢的比率是1∶576，这样大的差距对比足以预见对战双方的胜败。

# 六、实力至上，水到渠成

孙子在这一篇的结尾说道："胜者之战民也，若决积水于千仞之溪者，形也。"这句话是对全篇的总结，强调了"形"也就是"实力"之重要以及至上之"形"的状态，那就是"军事实力绝对占有优势的一方，其将领指挥士卒作战，其威慑力就像从八千尺高的山涧上决开积水一样无法抵挡，这就是'形'的含义"。

如果用八个字来概括孙子的这个思想，那应当是"实力至上，水到渠成"。

实力在于平常的修炼，战胜敌人在于寻找机会，如此做强自己，把握形势，就可以战则必胜，百战百胜。

# 第十一章

## 顺势而举，造势而为

### ——《孙子兵法》第五篇

## 兵势第五

孙子曰：凡治众如治寡，分数是也；斗众如斗寡，形名是也；三军之众，可使必受敌而无败者，奇正是也；兵之所加，如以碫投卵者，虚实是也。

凡战者，以正合，以奇胜。故善出奇者，无穷如天地，不竭如江海。终而复始，日月是也。死而更生，四时是也。声不过五，五声之变，不可胜听也；色不过五，五色之变，不可胜观也；味不过五，五味之变，不可胜尝也；战势不过奇正，奇正之变，不可胜穷也。奇正相生，如循环之无端，孰能穷之哉！

激水之疾，至于漂石者，势也；鸷鸟之疾，至于毁折者，节也。故善战者，其势险，其节短。势如扩弩，节如发机。纷纷纭纭，斗乱而不可乱也；浑浑沌沌，形圆而不可败也。乱生于治，怯生于勇，弱生于强。治乱，数也；勇怯，势也；强弱，形也。

故善动敌者，形之，敌必从之；予之，敌必取之。以利动之，以卒待之。故善战者，求之于势，不责于人，故能择人而任势。任势者，其战人也，如转木石。木石之性，安则静，危则动，方则止，圆则行。故善战人之势，如转圆石于千仞之山者，势也。

# 一、概述

孙子兵法第五篇重点讲"势"，讲"势"的特点，讲"势"的形成，讲"势"的运用，讲"造势"的重要，其中使用了大量的比喻，让人读之有趣，感觉妙趣横生。

除了讲"势"以外，在此篇中还涉及了组织行为学、信息管理学的运用，还谈到了奇与正的转化、势与节的相辅相成，以及虚与实的变换等内容。

# 二、组织通讯，奇正虚实

开篇孙子讲了四个概念，即组织、通讯、奇正和虚实。他说："凡治众如治寡，分数是也；斗众如斗寡，形名是也；三军之众，可使必受敌而无败者，奇正是也；兵之所加，如以碫投卵者，虚实是也。"

这句话的意思是：凡是管理大部队如同管理小部队一样容易的，是因为处理好了组织编制的问题；凡是指挥大部队如同指挥小部队一样容易的，是因为运用好了通讯方法；凡是指挥三军对敌从不失败的，是因为把握好了奇正战术；军队的进攻效果如同用石头砸鸡蛋一样的，是因为正确地掌控了虚实结合的原则。

分析这句话，透露出四层意思：

## （一）组织建设重要

好的组织建设可以使管理众多的人如同管理很少的人一样容易。这个思想对应着第一篇《始计篇》中孙子所说的"法"，法者，曲制、官道、主用也。"曲制"就是指军队的组织编制，而"官道"是指将吏的任用、分工、管理制度，"主用"是指军费、军需等方面的调配。组织编制建设得好，官吏使用得当，物资调配适宜，就可以达到指挥大部队如同指挥小部队一样轻松。

把这个思想引入现代企业一样是适用的：建设好企业的组织结构，任用好各级领导者与管理者，充分发挥已有资源的作用，则企业经营也会变得非常轻松。

很多企业家在追求可复制的管理模式，其实根本道理就在于此，建立了可以

"自行"运转的制度，培养好可以"自主"发挥作用的人才，根据实际运行的需要"自动"化地调配资源，如此无论是小的团队，还是大的组织都无须再由企业家过多地参与管理，就可以"自发"地创造价值。有了这样的组织运转模式，企业家是不用管理企业的，他只需要思考战略上的决策，并做好外部关系的处理以及资源整合的工作就可以了。

如果每天忙于日常事务，被过多的细节纠缠，那么这样的企业家看似很有成就，但是永远也难有大成就。

### （二）信息化建设很重要

古代的信息化方法不多，远没有现代社会那样发达，但是也有很多可以借鉴的地方。一是对于信息化建设的重视；二是力所能及地使用多种信息化的方法；三是对于信息指挥的保密工作。如果建立了系统化的信息指挥体系，那么指挥大部队作战就如同指挥小部队作战一样容易，管理一个大的企业就如同管理一个小的企业一样"自如"。

### （三）以正合，以奇胜，是重要的指挥思想

没有正只追求奇不行，没有奇只追求正也不行，奇与正要结合使用，互为支撑，这样才能每战必胜。

正是什么，对于企业组织而言就是自身的实力，就是内部建设，没有实力，内部管理混乱，而一味地追求出奇制胜，那是舍本逐末的做法。

奇是什么，奇就是创新，就是创造性地开展工作，就是使用四两拨千斤的方法。

有正可求稳，有了奇则可以求快，既快又稳就能不断地快速前行。

过于追求正是保守，过于追求奇是浮躁，在追求正的基础上又追求奇的做法才是高明之举。

### （四）虚与实要结合

只求实不行，只求虚也不行，过于求实就等于过于求正，就容易保守；过于求虚就等于过于求奇，过于求奇就很容易犯冒进的错误。

很多企业只埋头经营，不知道宣传和造势，就很难打造出知名品牌；也有的企业只知道宣传和造势，花大量的资金打广告却做不好产品与服务，这样的企业

也难以长久。

务实的工作要做而且要做细，务虚的工作也要做而且要做得恰到好处，如此虚实结合才能保证企业获得更大的成功。

# 三、以正合，以奇胜

针对组织、通讯、奇正和虚实四个方面的工作，孙子首先看重的是奇正，为此孙子说："凡战者，以正合，以奇胜。故善出奇者，无穷如天地，不竭如江海。终而复始，日月是也。死而更生，四时是也。声不过五，五声之变，不可胜听也；色不过五，五色之变，不可胜观也；味不过五，五味之变，不可胜尝也；战势不过奇正，奇正之变，不可胜穷也。奇正相生，如循环之无端，孰能穷之哉！"

这些话充分表达了孙子对于奇正思想的认识和重视，内含的大量比喻有力地验证了孙子的这一理论：凡是作战，都应该以正兵面对敌人，而以奇兵战胜敌人。所以善于使用奇兵的将帅，其战法如同天地一样无穷无尽，又像大江大河一样奔流不息。取胜一场再开始另外一场，就如同日月交替出现一样自然。死亡了又重生，就如同四季变换一样循环往复。声音虽然只有五种音节，可是五种音节变换使人听不过来；颜色虽然只有五种色素，可是五种色素的变换让人看不过来；滋味虽然只有五种味道，可是五种味道的变换让人品尝不过来。战法虽然只有奇和正两种，可是奇与正的交相变化，却让人无法穷尽其中的妙处。奇和正相生，就如同一个圆环一样，让人无法捉摸哪里是开头哪里是结束。

分析以上内容可以得到很多启示，而以下两点最为重要：

## （一）无正不出奇

出奇者，出其不意也。

为什么敌方或竞争对手不意呢？那是因为他们另有所意之事，这个事就是正。

以正合，就是以正兵或者正面之事吸引敌方或竞争对手的注意力，然后再出奇兵让他们意料不到。

如此，出奇才能制胜。

如果没有正，只有奇，则敌人或竞争对手一开始就会关注到要出之奇，则它也就不足为奇了。

结论是，没有正就没有奇，缺少了正的配合，奇就发挥不了作用。

所以，无正则无奇。

所以要，以正合，然后才可能会有以奇胜。

### （二）善于出奇者，才是高手

以正合是方法，以奇胜是目的。

善于出奇者，正才能发挥它的作用。否则，只有正而没有奇，则早已经被人家防备，如此就没有机会进攻，也没有可能获胜。

所以，真正的高手一定是善于出奇的人。

善于出奇的人，不是一时兴起，不是一时冲动，更不是一锤子买卖，而是其战法如同天地一样无穷无尽，如大江大河一样奔流不息，如同一个圆环一样让人不知哪里是开头哪里是结束。如此，敌人或竞争对手没有办法捉摸，也找不到其中的规律。

如此，每次战法都不一样。

如此，每一次作战都能够取胜。

## 四、刚猛有力，快速出击

如何巧妙地运用奇与正呢？在此篇中孙子还提出了另外两个概念，即"势"和"节"。

"势"是什么？它就如同大水激扬中的石头，"激水之疾，至于漂石者，势也"，石头虽然大，虽然沉，却因为水的作用而漂浮，原因就在于水流更急、更猛、更有力量。

与势相对应的就是"节"，什么是"节"？"鸷鸟之疾，至于毁折者，节也。"凶猛的飞禽突然加速出击必然能够逮到猎物，这就是节的含义。

什么样的"势"和"节"可以帮助将帅总能指挥军队获取胜利呢？"故善战者，其势险，其节短。势如扩弩，节如发机"，"势"要险峻有力，"节"要距离短，这就如同射箭一样，势是拉满弓，节就是近距离放箭。

分析以上内容可以得到两点启示：

（1）势要求险，险不是危险，而是刚猛有力。

（2）节要求短，短不是物理意义上的短长，而是因为距离短，所以速度快。

刚猛有力，快速出击，则战无不胜也。

# 五、奇正相生，虚实结合，灵活多变

如何做到充分利用势和节呢？还要辅之以虚和实的运用，关于虚和实在第六篇中孙子有专门的论述，在此他说："纷纷纭纭，斗乱而不可乱也；浑浑沌沌，形圆而不可败也。乱生于治，怯生于勇，弱生于强。治乱，数也；勇怯，势也；强弱，形也。"

这些话的意思是：表面上看是混乱的实际上有序不乱，表面上看是错综复杂的实际上却可以应付自如立于不败之地。示敌以乱实则组织严整，示敌以怯实则勇猛无所害怕，示敌以弱实则实力强大。军队严整或混乱取决于组织编制水平，士兵勇敢或怯弱取决于战场上的态势，战斗力量强大或弱小取决于军队的实力。

这就是奇正。

这就是虚实。

这就是辩证法思维。

这就是看似不按常理出牌而实际上却全面掌控着更为强大的道理：

奇正相生，虚实结合，灵活多变。

除此之外，还有三个关键词需要再次强调：

（1）组织编制。

（2）战场态势。

（3）军队实力。

组织编制很重要，前面已经分析过。

战场态势多变，所以要出奇兵。

实力是决定胜负的基础，用实力说话比任何方式都有作用。

# 六、顺势而举，造势而为

奇、正、虚、实的组合运用就能营造致胜之势。为此，孙子说："故善动敌者，形之，敌必从之；予之，敌必取之。以利动之，以卒待之。故善战者，求之于势，不责于人，故能择人而任势。任势者，其战人也，如转木石。木石之性，安则静，危则动，方则止，圆则行。故善战人之势，如转圆石于千仞之山者，势也。"

这些话的意思是：能够调动敌人的将帅，善于制造虚象以迷惑敌人，而敌人必定跟从；给予敌人一点好处，敌人必定上当而暴露出空虚薄弱之处。用小利调动敌人，然后以大军守候。所以善于作战的，一定会营造有利于自己的势，而不只是一味地借助人力，这样就可以有选择性地使用人而重点借助势的力量。善于借助势的人在指挥军队时就像转动木头和石头。木头和石头的特点是平放它们就静止不动，倾斜着放它们就会滚动，方形的就静止，圆形的就转动；而善于作战的将领所营造的势，就如同转动木石，让它们从八千尺的高山上滚下一样，这就是势的力量。

把势的思想引入现代企业经营，不仅要求企业能够顺势而为，而且还要求企业能够造势而动。

多数情况下人们会把势理解为形势，形势是不会随着人的主观意愿发展的。

可是孙子所说之势，不只是形势，而且还包括自身应该打造的一种状态。

企业之势亦是如此，除了要适应外部环境形势之外，自己还要做到有实力，有战略，有方法，有规划，有选择，有重点，有突破，有格局，有眼界。

如此，才能顺势而举，造势而为，从而势不可当。

JJ GUMBERG 公司是一家美国企业，由家族企业的第一代领导人 Joseph J. Gumberg 先生创立，这也是公司名字的由来。在美国像这样的企业非常多，他们都是以第一代企业家的名字命名的，如 JP 摩根、洛克菲勒等。

JJ GUMBERG 公司最初成立的时候是在一个新开发的高层公寓名字叫作"Main Street"（主街）的里面经营一家商业零售店，兼具商业和工业的性质。事实上很多知名的企业都是这样起步的，办公条件很简陋，资金不足，但就是凭借着创始人的毅力、努力和坚持，最后都由小变大，由大变强，从而发展成为了不起的企业。

关于这一点非常值得我们认真地学习。

JJ GUMBERG 公司事业的转变发生在 1977 年，在那一年里由现任的第三代企业家 Ira J. Gumberg 推动，JJ GUMBERG 公司推出了零售物业部门，重新调整了公司的投资和战略组合，集中精力建造、控股和管理大型零售物业。

这是公司因应形势变化而做出的重大战略性转变，从此伴随着公司主要业务的发展，除了不断地拥有和运营自己的投资组合以外，它还与美国一些最大的商业物业业主一起创造、开发和管理大型零售项目，公司从此取得了长足的发展。

Ira J. Gumberg 先生是家族企业的第三代掌门人，1975 年自匹兹堡大学获得经济学学士学位，并在哈佛大学研究生商学院获得硕士学位，现任公司董事会主席兼首席执行官。此外，他还是 GUMBERG 全球的领导者，GUMBERG 全球是 JJ GUMBERG 公司的姐妹公司，它关注的是全球房地产开发市场。

在零售和商业领域打拼了多年的 Gumberg 先生，当下正带领一个完全集成的组织专注于投资房地产的收购和开发。作为公司的第三代领导人，他深通零售业的发展趋势，组建并打造了一个经验丰富的执行团队，他们能够以果断的行动最大限度地寻找新的发展机会，从而在不断地帮助 JJ GUMBERG 公司增加私人持有公司的数量。

正如前面所说，公司的转型是在 1977 年，在那一年正是由现在的 Gumberg 先生根据商业形势的变化而领导成立了零售物业部门。自那时以来，公司的零售物业已经发展了 1000 多个精选的零售商，每年产生超过 20 亿美元的总销售额。公司最近还扩大了在国际上的投资，正在实施一个雄心勃勃的战略，在印度发展西方风格的区域购物中心并计划把它推广到整个南亚次大陆。

Ira J. Gumberg 先生虽然不懂孙子兵法，但是他所制定并带领企业实施的一系列商业举措却暗含着孙子兵法的思想精华，尤其是深刻地体现了孙子所讲的"顺势而举，造势而为"的重大战略发展理念。

# 第十二章

## 虚实变化，以逸待劳

—— 《孙子兵法》 第六篇

## 虚实第六

孙子曰：凡先处战地而待敌者佚，后处战地而趋战者劳。故善战者，致人而不致于人。能使敌人自至者，利之也；能使敌人不得至者，害之也。故敌佚能劳之，饱能饥之，安能动之。出其所不趋，趋其所不意。

行千里而不劳者，行于无人之地也；攻而必取者，攻其所不守也。守而必固者，守其所必攻也。故善攻者，敌不知其所守；善守者，敌不知其所攻。微乎微乎，至于无形；神乎神乎，至于无声，故能为敌之司命。

进而不可御者，冲其虚也；退而不可追者，速而不可及也。故我欲战，敌虽高垒深沟，不得不与我战者，攻其所必救也；我不欲战，虽画地而守之，敌不得与我战者，乖其所之也。

故形人而我无形，则我专而敌分。我专为一，敌分为十，是以十攻其一也，则我众敌寡；能以众击寡者，则吾之所与战者约矣。吾所与战之地不可知，不可知则敌所备者多，敌所备者多，则吾所与战者寡矣。故备前则后寡，备后则前寡，备左则右寡，备右则左寡，无所不备，则无所不寡。寡者，备人者也；众者，使人备己者也。

故知战之地，知战之日，则可千里而会战；不知战之地，不知战日，则左不能救右，右不能救左，前不能救后，后不能救前，而况远者数十里，近者数里乎！以吾度之，越人之兵虽多，亦奚益于胜败哉！故曰：胜可为也。敌虽众，可使无斗。

故策之而知得失之计，作之而知动静之理，形之而知死生之地，角之而知有余不足之处。故形兵之极，至于无形。无形则深间不能窥，智者不能谋。因形而措胜于众，众不能知。人皆知我所以胜之形，而莫知吾所以制胜之形。故其战胜不复，而应形于无穷。

夫兵形象水，水之形，避高而趋下，兵之形，避实而击虚。水因地而制流，兵因敌而制胜。故兵无常势，水无常形。能因敌变化而取胜者，谓之神。故五行无常胜，四时无常位，日有短长，月有死生。

# 一、概述

古代有《武经七略》的编排，选出了中国历史上最伟大的七部兵书，其中列入首位的当属《孙子兵法》，列在第七位的是《唐太宗与李卫公问对》，另外五部分别是《六韬》《三略》《司马法》《吴子兵法》和《尉缭子兵法》。

通读《唐太宗与李卫公问对》可以发现，这部兵书就是《孙子兵法》的"应用篇"，是唐太宗李世民与卫国公李靖探讨如何使用《孙子兵法》以及在过往战斗当中对于《孙子兵法》运用的经验总结。其中，《孙子兵法》当中的"虚实篇"也就是此篇最为唐太宗所推崇，他说："朕观诸兵书，无出孙武。孙武十三篇，无出《虚实》。夫用兵，识虚实之势，则无不胜矣。"

由此，足见此篇的重要。

此篇不仅全方位地强调了虚实结合、虚实变化的重要性，而且还给出了众多如何应用虚实取胜的方法，它与前面重点论实力的"形篇"，以及重点谈奇正的"势篇"相互承接，共同探讨的是如何营造"致胜之势"。

在此篇中，有着众多的名言，如"以逸待劳""致人而不致于人""出其所必趋，趋其所不意""形人而我无形""以众击寡""避实而击虚""兵无常势，水无常形"等，这些都是重要的作战原则，对于现代企业竞争也有着重要的参考价值。

# 二、以逸待劳，致人而不致于人

开篇孙子说："凡先处战地而待敌者佚，后处战地而趋战者劳。故善战者，致人而不致于人。能使敌人自至者，利之也；能使敌人不得至者，害之也。故敌佚能劳之，饱能饥之，安能动之。出其所必趋，趋其所不意。"

孙子此番言论内容丰富，包罗万象，可以分为五个层次进行解读。

## （一）以逸待劳

"凡先处战地而待敌者佚，后处战地而趋战者劳"，这句话的意思是：凡是先到达作战地区以等待敌人的就安逸，后到达作战地区而仓促应战的就劳顿，简而言之就是"以逸待劳"。

当然，孙子此处所说的"以逸待劳"是"以佚待劳"，后人把"佚"字演化成了"逸"字。

有人以为"以逸待劳"是一种很舒服的状态，其实不然，它只是把功课做到了前面，先处战地以待敌而已。先处战地以待敌的状态可以叫作"前劳后逸"，而后至作战地区军队的状态是"前逸后劳"。

"前劳"者除了要有积极进取的精神以外，还要有前瞻意识，要有精准的判断能力，要有坚强的意志，要有充分的训练，要整合各个方面的资源，如此有"前劳"之因才能有"后逸"之果，而并非是无所事事又坐享其成。

如果只是看到了"以逸待劳"的表面现象或者只是具备了"以逸待劳"的心理而没有实际的行动则不能深刻理解"以逸待劳"的核心要义。

与之相反，"前逸"者缺乏精准的判断能力，或安于现状没有去做前瞻性的思考，或者得过且过不为未来做出充分的准备，如此之因自然会结出"后劳"之果，仓促临敌当然不能取胜。

对于一个企业而言，在面对竞争对手时最好能够时常保有"以逸待劳"的状态，这就要求企业家有战略眼界，有对新事物、新技术、新产品、新行业的敏锐感知能力，有勇于尝试和大胆创造的坚定决心，有系统化的信息收集和处理队伍，有对市场做前瞻性研判的魄力，有敢于提前布局战略性行业的大动作。

有的企业做不到"以逸待劳"，而是"劳师跟远"，人家做什么自己也做什么，人家生产什么自己也生产什么，人家制定了一个好的制度拿来就用，人家有了好的企业文化搬过来就使用，这样做的结果只能是"东施效颦""画虎不成反类猫"，永远也打造不出自己的核心竞争力。试问一句，曾经有多少企业学习过华为的管理模式而成功者有几家？曾经有多少家企业学习过蒙牛的企业文化而学成的有几家？有多少人不知道柳传志的九字管理真经即"定战略、带队伍、建班子"，可是知道了又如何，能够用好的又有几人？

以逸待劳者胜。

劳师跟远者不可能胜。

所以，做企业者不能贪图省事，而是要学会用心，只有打造出属于自己的核心能力，才能够在市场竞争的大潮当中始终处于不败之地。

### （二）致人而不致于人

"故善战者，致人而不致于人"，这句话的意思是：善于作战的人，能够调动敌人而不被敌人所调动。

能够调动敌人我方就取得了主动权。

如果被敌人调动则我方就失去了主动权。

失去了主动权不一定就会失败，但是想赢却需要付出更多的努力。

因此，我方一定要做到"致人而不致于人"。

现代企业商战过程中几乎每天都在上演竞争的大戏，结果往往是致人者胜，而致于人者不胜。

以"滴滴出行"为例，尽管这家企业现在的发展出现了很多问题，产生了很多争议，但是看其发展的历程演绎就是一个"致人而不致于人"的故事。首先是强势宣传，大力推出，借助出租车行业迅速占领网约车市场；其次是逼"快的"烧钱最终使其折服；再次是压"优步"谈判，将其中国业务收入旗下；最后虽然也有挑战者出现，可是先发制人者胜，"以逸待劳"者胜，现在的"滴滴出行"几乎已经无人能胜。

正如前面第一条所分析的那样，未来能够打败"滴滴出行"的可能就是"滴滴出行"自己，否则其将无人能敌。

事实上，"微软"的成功更能说明"致人而不致于人"以及"以逸待劳"这两个思想在企业经营管理过程中的可用和可贵。

试分析可知，"微软"的成功有多方面的因素在发挥作用，比如天才加勤奋的领导团队、发达的营销网络、庞大的研发队伍等，而在这众多因素中，最为重要的当属其领先于世界的技术水平。一方面"微软"的技术始终在领先于其他跟进者，另一方面它又不沾沾自喜于已经取得的成就，而是居安思危，内部"前劳待逸"，外部"以逸待劳"，如此就可以一直"致人"而不会"致于人"。

"微软"作为一个知名企业，一直无人能够撼动其业界霸主的地位，这是多少企业梦想达到的目标——致人而不致于人也。

### （三）善用利害关系营造致人态势

"能使敌人自至者，利之也；能使敌人不得至者，害之也"，这句话的意思是：能使敌人自发到达符合我方意愿作战区域的，这是因为敌方受到了我方利益的诱惑；能使敌方按照我方意愿不能到达作战区域的，这是因为敌方会担心受到我方的伤害。

这个思想可以看作是对前一条的补充，前一条"致人而不致于人"的状态能否出现需要借助多种方法，而以利害相加就是其中最为重要的一个方法。

天下人性相同，其本质的特点就是"趋利避害"，这个特点同样适用于军队和企业组织。于是高明的将领在对外作战时，以及高明的企业领导者在对外进行竞争谈判时，都应该学会以利害调动敌人。此外，无论是高明的将领还是高明的企业领导者在对内管理时，也都应该学会以利害奖罚激励和调动属下。

敌人趋利，诱之以小利，则可以致敌而不被敌所致。

属下趋利，则给之以利，给得越多其回报也越大。

敌人害怕受到伤害，我方就以可能给予的伤害而逼迫敌人不敢做不利于我方的事情。

属下害怕利益有所损害，就把奖罚制度明确建立起来，以说明什么事情可以做，什么事情不可以做。

不可以做的事情绝对不能做，做了就要受到处罚，就会受到伤害，如此令行禁止，就可以为组织管理打下坚实的基础。

### （四）使用多种方法调动敌人

"故敌佚能劳之，饱能饥之，安能动之"，这句话的意思是敌人安逸能使他们疲劳，敌人饱食能使他们饥饿，敌人安静能使他们躁动。孙子在这里说出了一种状态，也就是前面讲的"调动敌人"，如何调动敌人在此他没有说，但是却说出了具体的行动目标，这些目标按照辩证法的思路进行设计，概括起来就是让敌人达到"反其道而行之"的状态，同时也包含着我方"反其道而行"的要求，即敌人安逸就让他们不安逸而我方要安逸，敌人饱食就让他们不能饱食而我方要饱食，敌人安静就让他们不安静而我方要安静。总之就是全方位地营造有利于我方的势，而制造不利于敌方的势，从而达成"致人而不致于人"的目标。

这就是造势而为。

### （五）出其不意

"出其所不趋，趋其所不意"，这句话的意思是向敌人急行军也无法到达的地方行进，快速到达敌人意想不到的地方。

"出其所不趋，趋其所不意"简化成一个成语就是"出其不意"，对此可以从两个角度进行理解。

（1）一出手、一出兵、一出动让敌人始料不及，他们从没想过你会以这样的方式出手，从这里出兵，以这样的动作行进。

（2）以速度取胜，快速出击，敌人来不及反应。

以速度取胜是市场竞争中的一条铁律，比如同在一个行业里竞争的企业，虽然大家都看到了商机，都看出了市场上预期要热卖的产品，但是最终的赢家一定是那个最快将产品或服务推向市场的一方。先下手者为强，后下手者只能"以劳待逸"，只能花费更大的成本与先入者竞争。

"出其不意"既可以作为战术使用，也可以作为企业发展的战略指导思想。如果作为企业发展的指导思想最终要演化的战略就是差异化竞争，人无我有，人有我精，人精我特，人特我转，人转我回，不走寻常路。

## 三、攻虚守实，以实待虚

不走寻常路并让竞争对手看不清楚你的路，如此当然就可以做到致人而不致于人。如何才能做到这一点呢？以下是孙子提出的一系列做法，即"行千里而不劳者，行于无人之地也；攻而必取者，攻其所不守也。守而必固者，守其所必攻也。故善攻者，敌不知其所守；善守者，敌不知其所攻。微乎微乎，至于无形；神乎神乎，至于无声，故能为敌之司命"。

这些话的意思是：部队行军千里都不感觉劳顿，是因为行走在敌人防守空虚的地方；只要进攻就一定能够获得胜利，是因为进攻了敌人根本没有防守的地方。只要防守就绝对能够守住的，是因为守得就是敌人一定会进攻的地方。所以善于进攻的军队，敌人不知道应该如何防守；善于防守的军队，敌人不知道应该如何进攻。微妙啊微妙，到了看不出任何形迹的地步；神秘啊神秘，到了听不到任何声音的程度，这样就能够主宰敌人的命运。

分析这些话可以得到如下几点启示：

（1）实力强大，远胜于敌人时，就可以直接攻打敌人；实力不够强大，无法正面战胜敌人时就采取迂回策略，避免正面交锋。

（2）再强大的敌人，再有实力的竞争对手，也一定有他们力所不能及的地方。如果行军，我方就选择敌人力所不能及的地方作为路线；如果竞争，就选择对手还没有涉足的细分市场。如果对方企业以营销起家，我方企业就要争取以技术见长；如果对方企业在技术上绝对领先，我方就要采取更加灵活多变的营销策略。最终的指导思想就是"攻虚守实，以实待虚"。

（3）如果攻打敌人一定要先寻找他们没有防守的地方，或者找到他们防守薄弱的地方，打其软肋。把这个思想引入现代社会，尤其适用于中小企业与大企业的竞争，或者实力弱的企业与实力强的企业竞争。其核心指导思想就是竞争对手有的我们可以没有，但是我们有的竞争对手也未必有，这样我们就赢了。有的企业喜欢跟风，人家生产什么我就生产什么，人家怎样营销我就怎样营销，当人家要吃掉你的时候易如反掌，因为没有什么是你自己的，你拿人家擅长的事情与人家比拼，这就如同跟姚明比身高一样，怎么能不败？

（4）在与敌人的攻防过程中，要具备判断敌人进攻方向的能力，如果能够判断出敌人的进攻方向并且做好充分的准备，则敌人的进攻就一定能够被击退。把这个思想引入现代企业经营中，就要求企业家能够识别竞争对手的优势所在，并且不断培养自己企业的特长。以自己的特长守住地盘，就不怕敌人以相同的优势发起进攻。以微软为例，所有想打败以技术见长的微软企业，能够选择的道路只有一条，那就是研发更高水平的技术，可是只要微软在技术研发上一直保持着高水准和高投入，其他的企业还有机会吗？

（5）主宰敌人的命运，这是任何一个作战方都梦寐以求的目标，为了达成这个目标就要虚实结合，虚而实之，实而虚之，虚虚实实，惑乱敌人，让其摸不着头脑。

看得清敌人，却让敌人看不清自己，一旦交手，当然能够主宰敌人的命运。这就是虚实变化的魅力。

# 四、进退有度，虚实调敌

关于虚实战法的应用，包罗万象，需要临敌判断，而一旦识别出敌人空虚的地方就一定要迅速发起攻击，正所谓敌人有虚，我方有机，有机可乘就绝对不能放过，对此孙子说"进而不可御者，冲其虚也"，意思是部队进攻而敌人无法抵御，正是因为攻击了敌人空虚的地方。

在中国，网购平台霸主无疑是阿里巴巴，可是阿里巴巴面对京东的挑战一度很是紧张，这是为什么呢？就是因为京东有着比它强大的物流系统，而这就是阿里巴巴空虚之处。京东近几年的发展势头很猛，而且重点进攻的方向也都是阿里巴巴还没有做强的地方，这就是冲阿里巴巴之虚也。当然，阿里巴巴也在迅速补其物流和其他方面的短板，力争把虚处做实，以避免给其他后起之秀更多的挑战机会。

阿里巴巴算是一个比较优秀的企业，可依然会有空虚之处留给竞争对手，那些还不够优秀的企业空虚之处岂不是更多，只要找到了竞争对手的空虚之处然后给予全力一击，又怎能不胜？

敌人有虚之时，我方有机会，而敌人无虚有实，我方又实力不如人时，我方就没有机会，没有机会就不能逞能，就要学会避让，而且还要快速避让，为此孙子说"退而不可追者，速而不可及也。"这句话的意思是部队撤退敌人无法追击，是因为撤退的速度非常快敌人根本没有办法追击。

如果实力不如人，还偏要以虚打实，那么结果会如何呢？关于这一点孙子早在《谋攻篇》中就已经说得非常清楚，"小敌之坚，大敌之擒也"，小股部队去拼大股部队，结果当然是连主将带士卒都会被人拿下。

无论是"进而不可御者，冲其虚也"，还是"退而不可追者，速而不可及也"，所体现的都是"致人而不致于人"的原则，有了这样的原则作为指导，并采取相应的举措，就可以做到：我想打，敌人就得跟我打；我不想打，敌人就不能与我打，对此孙子说："故我欲战，敌虽高垒深沟，不得不与我战者，攻其所必救也；我不欲战，虽画地而守之，敌不得与我战者，乖其所之也。"

这句话的意思是：我方想要开战，敌人虽然建立了高垒深沟作为防御也不得不开战的原因在于，我方进攻了敌方必须要救援的地方。我方不想开战，在地上画个圈就能守住，是因为我方诱导敌人形成了错误的思想并采取了错误的行动。

无论攻其所必救，还是欺骗敌人，都是为了谋求致人而不致于人的目标所采用的方法，这些方法虚实结合，目的就是让"我方看得清敌人，敌人却看不清我们"。

# 五、形人而我无形，我专而敌分

"我方看得清敌人，却让敌人看不清我们"，这样做有什么好处呢？孙子说："故形人而我无形，则我专而敌分。我专为一，敌分为十，是以十攻其一也，则我众敌寡；能以众击寡者，则吾之所与战者约矣。吾所与战之地不可知，不可知则敌所备者多，敌所备者多，则吾所与战者寡矣。故备前则后寡，备后则前寡，备左则右寡，备右则左寡，无所不备，则无所不寡。寡者，备人者也；众者，使人备己者也。"

这些文字所表达的意思是：让敌人暴露形迹而我方隐藏形迹，这样我方就能集中兵力而敌方会被迫分散兵力。我方集中兵力于一处，敌人分兵于十处，这样我方就相当于用十倍于敌人的兵力进攻敌人，如此造成的态势就是我方兵力远多于敌方。如果我方能以多打少，那么能够与我方作战的敌人就少了。我方与敌人作战的地方敌人并不知道，敌人在不知道作战地点的情况下就会在很多地方做防御，敌人做防御的地方越多，则能够与我们作战的兵力就会越少。所以前面做了防御后面的兵力就少，后面做了防御前面的兵力就少，防御了左面右面的兵力会少，防御了右面左面的兵力会少，到处做防御，就会使各处兵力都减少。兵力少的原因在于分兵防御，兵力多的原因在于调动敌方分兵防御。

分析以上文字重点在于两个方面：

（1）"形人而我无形"——让敌人暴露形迹而我方隐藏形迹。敌人暴露形迹可以让我方了解敌人，可以知彼；如果再加上我方充分了解自己的真实情况，就会像第三篇《谋攻篇》结尾时说的那样：知彼知己，百战不殆。然而从敌人的角度看，我方隐藏形迹则敌不知彼（彼就是我们），敌不知彼而知其自己是一胜一负。如果敌方既不知彼又不知其自己，则每战必殆，也就是每一战都会失败，败于我方也。

（2）"我专而敌分"——我方集中兵力而敌方分散兵力，如此就可以形成以多打少的态势。此处要表达的"以多打少"不是数学意义上的绝对大小，而是通过调动敌人分散兵力而营造出的相对优势。"我专而敌分"的思想可以引入现代企业竞争中，与之相对应的战略类型有细分市场战略和集中战略两种。一般情况下，如果在全国市场范围内没有办法战胜竞争对手时，就可以考虑集中在一个区域市场内与对手竞争。"美团打车"采取的就是这一战略，先不做全国市场，而是只做上海的"网约车市场"。如果不能在所有门类的产品范围内与对手竞争时，就可以考虑在某一个单品上全力取得优势。如果双方势均力敌时，可以考虑首先诱导对手在各个方面展开竞争，其次再寻找几个关键区域或者关键领域集中资源将其击败，并将战果扩大到其他市场。

# 六、情报是作战获胜的重要条件

前面说到，敌人不知道在哪里作战的时候就得四处准备，从而分散了兵力。既然是这样，我方就不能与敌方做相同的事，而是要知道战地，知道战日，然后才能战，否则就不战，为此孙子说："故知战之地，知战之日，则可千里而会战；不知战地，不知战日，则左不能救右，右不能救左，前不能救后，后不能救前，而况远者数十里，近者数里乎！以吾度之，越人之兵虽多，亦奚益于胜败哉！故曰：胜可为也。敌虽众，可使无斗。"

这些话的意思是：预先知道作战的地点和作战的时间，即使是在千里之外也可以与敌作战；如果预先不知道作战的地点和时间，那么左军不能够救援右军，右军不能够救援左军，前军不能够救援后军，后军不能够救援前军，更何况是在远则几十里，近则几里的范围内布置军队呢！根据我的判断，越国的军队虽然多，可这对于胜败又能有多大的益处呢！所以说，胜利是可以取得的，即便敌人众多，也可以通过分散它的兵力而使其无法与我方争斗。

分析这些话表面上看是强调了知战之地和知战之日的重要性，而其实内含着对敌作战过程中获取情报的必要性。关于获取情报为什么必要，以及如何才能及时有效地获取情报，孙子在其兵法第十三篇即《用间篇》中专门进行了阐述，具体内容见后文。

在此篇中孙子也讲了一些获取情报的方法，如"故策之而知得失之计，作之而知动静之理，形之而知死生之地，角之而知有余不足之处"。

在这句话中就包含着获取情报的四种方法：

（1）通过筹策计算以分析敌人计谋的得失，这样做的目的是借助静态分析的方法以实现"知彼"。

（2）通过触动敌人以了解敌人的动静变化及其规律，这样做的目的是借助动态分析的方法以实现"知彼"。

（3）通过有意制造假象以了解敌人的优势和虚弱之处，这样做的目的是静态试敌以实现"知彼"。

（4）通过试探性地与敌人较量以了解敌人的强势和不足，这样做的目的是动态试敌以实现"知彼"。

"知彼"要以获取情报为前提，获取情报的目的就是了解敌人，而敌人也是这样想的，所以，在了解敌人的过程中还要防止被敌人所了解，要做到"形人而我无形"。基于这个思想，在对敌作战过程中，除了做好情报工作以外，与之相对应的还要做好反情报工作。在现代企业竞争过程中演化生成了一个新的学科，即竞争情报学，在竞争情报学中就包含着反竞争情报的理论与方法，其中的核心思想与此处孙子关于情报与反情报的论述极为吻合。在反情报方面，孙子说："故形兵之极，至于无形。无形则深间不能窥，智者不能谋。因形而措胜于众，众不能知。人皆知我所以胜之形，而莫知吾所以制胜之形。故其战胜不复，而应形于无穷。"

这些话的意思是：向敌人制造假象的最高水平就是让他们无迹可寻，如果能够做到无迹可寻，那么即便是深藏不露的敌方间谍也看不出真相，非常有智慧的人也想不出对付我们的方法。根据敌人的活动迹象而制定战胜敌人的措施，并且打败了敌人，而敌人却不知道我方是如何取胜的。人人都知道我方取胜的外在表现，却不能够知道我方取胜的内在秘密。我方每次取胜的方法都不一样，那是因为每次都会根据敌方的情况变化而采取不同的战法。

看了以上孙子对于反情报工作的重视及其所追求的效果，可以使人联想到一个词，即"滴水不漏"，这也许就是反情报工作的最高标准和最高境界。

反观中国的企业，在获取竞争情报以及反竞争情报方面的工作做得还不够理想，多数企业并没有常设的信息情报部门，也没有专门防止信息外漏的组织。如此，多数企业会被侵犯知识产权；多数企业的高管或者技术人才会叛离企业成为同行竞争者，他们得以立足的底气往往就是带走了原企业的技术信息或者客户资源；很多企业还在埋头研发某一项技术的时候，其他的企业早已经将之全面推向了市场。如此，不胜枚举，真是可叹可惜。

为了规避信息、技术、情报流失带给企业的损失，借助情报工作更加有效地参与竞争，就必须加强企业有组织的情报管理工作，而要做好这项工作，除了最高领导必须给予重视以外，还可以强化以下几个方面：

（1）建立高效的竞争情报管理架构。

有实力的企业应该建立完整的竞争情报管理架构，包括选择精干的人员，设计有效的组织体系，明确竞争情报的运作模式。在人员安排上，有条件的企业应该成立竞争情报部或是战略发展部，使之成为一个独立的部门，并安排竞争情报总监，授予其相当于企业副总的权力与级别，由之统领企业整体上的竞争情报工作，并向企业一把手负责。实力一时稍弱的企业，即便不能成立专门的机构，也要安排专门的人员，并给予他们明确的职责和充分的授权。

（2）清楚界定竞争情报的客体。

竞争情报的客体就是竞争情报的收集来源和收集对象。界定竞争情报的客体就是要清楚界定谁是企业的竞争对手，企业需要从竞争对手那里获取什么样的信息，以及企业所处的行业、所在的国度或地域情况如何，各地方、各类型的政策是什么导向，市场的变化如何等。要完成这项工作，必须通过数据建库的方式，将企业内外所有与企业发展相关的信息收集和整理到一起，并由专业的人员进行分析，以供战略决策者与战术执行者使用。

（3）完善情报竞争工作开展的软硬条件。

竞争情报的收集与分析需要借助各种条件进行。其中，软性的条件包括：营造有利于企业竞争情报工作开展的氛围，给予情报从业人员以优越的条件和待遇等。硬性的条件包括：为从业人员提供优良的办公条件，为之配备各类型的资料分析软件，由其选用前沿的情报收集工具，以及采用高效的竞争情报分析方法等。

（4）强化竞争情报工作的过程管理。

竞争情报的管理需要建立常态化的工作机制，要建立起完整和高效的竞争情报获取、分析、梳理、传递、反馈等工作程序，要切实地发挥它们在决策与执行方面的作用。在各个工作程序中，还要设计优化的操作标准，完善各类型的分析和应用指标。

（5）提高竞争情报的使用效率。

竞争情报的使用包括竞争情报在战略分析阶段的使用、竞争情报在战略决策时的使用、竞争情报在战略实施过程中的使用、竞争情报在战略评价阶段的使用、竞争情报在战略控制阶段的使用、竞争情报在战略再形成过程中的使用、竞争情报在各项具体工作过程中的使用等。

除了要强化竞争情报的使用广度以外，还要不断提高竞争情报的使用效率。

（6）加强反竞争情报工作。

这项工作的重点包括反竞争情报的界定、反竞争情报与竞争情报的互动、反竞争情报的工作思路、反竞争情报的工作方法，以及反竞争情报与竞争战略的互动等。有人理解做反竞争情报工作就是做保密工作，这样的理解是不够的，过于被动。然而要想做好反竞争情报工作，必须采取主动出击的方法，必须培养主动获取的意识，正如此篇孙子所说，"善动敌者，形之，敌必从之；予之，敌必取之。以利动之，以卒待之。故形兵之极，至于无形"，以及孙子在第一篇中所说，"兵者，诡道也。故能而示之不能，用而示之不用，近而示之远，远而示之近；利而诱之，乱而取之，实而备之，强而避之，怒而挠之，卑而骄之，佚而劳之，亲而离之。攻其无备，出其不意。此兵家之胜，不可先传也"。

知敌之情，而使敌不知我之情；看得清敌人，却让敌人永远看不清楚我们，参与这样的竞争怎能不胜？

其实，无论是做好情报工作，还是做好反情报工作，都是为了营造胜敌的态势，都是为了配合对敌过程中虚实转化的需要。

# 七、因敌变化是作战的重要法则

虚实变化是战争过程中必须要坚持的重要法则，孙子对此坚信不疑，并用了水、五行、四季和日月做了比喻：

"夫兵形象水，水之形，避高而趋下，兵之形，避实而击虚。水因地而制流，兵因敌而制胜。故兵无常势，水无常形。能因敌变化而取胜者，谓之神。故五行无常胜，四时无常位，日有短长，月有死生。"

这些话的意思是：用兵打仗的形势变化就如同流水一样，而流水的特点是避开高处往低处流；用兵打仗的特性是避开敌人兵力集中的地方去攻击敌人兵力分散的地方。水会根据地形的变化而决定自己的流向，军队也要根据敌人的变化而采取自己的策略从而战胜敌人。所以军队没有固定不变的态势，水也没有固定不变的形态。能够根据敌人的变化而获得胜利者，可以称得上是神。所以金木水火土五种物质间的相克关系不是固定不变的，春夏秋冬在一年之内必然更替，白天有长有短，月光有明有暗。

"因敌变化"是战争中的一个重要法则，也是孙子兵法中一再强调的重要原则。

如果能够坚守此法则，便可以做到"能因敌变化而取胜者，谓之神"。

这一法则同样适用于企业竞争。

# 第十三章

## 以迂为直，抢占先机

### ——《孙子兵法》第七篇

## 军争第七

孙子曰：凡用兵之法，将受命于君，合军聚众，交和而舍，莫难于军争。军争之难者，以迂为直，以患为利。故迂其途，而诱之以利，后人发，先人至，此知迂直之计者也。

军争为利，军争为危。举军而争利，则不及；委军而争利，则辎重捐。是故卷甲而趋，日夜不处，倍道兼行，百里而争利，则擒三将军，劲者先，疲者后，其法十一而至。五十里而争利，则蹶上将军，其法半至。三十里而争利，则三分之二至。是故军无辎重则亡，无粮食则亡，无委积则亡。

故不知诸侯之谋者，不能豫交；不知山林、险阻、沮泽之形者，不能行军；不用乡导者，不能得地利。故兵以诈立，以利动，以分和为变者也。故其疾如风，其徐如林，侵掠如火，不动如山，难知如阴，动如雷震，掠乡分众，廓地分利，悬权而动。先知迂直之计者胜，此军争之法也。

《军政》曰："言不相闻，故为之金鼓；视不相见，故为之旌旗。"夫金鼓旌旗者，所以一人之耳目也。人既专一，则勇者不得独进，怯者不得独退，此用众之法也。故夜战多金鼓，昼战多旌旗，所以变人之耳目也。

故三军可夺气，将军可夺心。是故朝气锐，昼气惰，暮气归。故善用兵者，避其锐气，击其惰归，此治气者也。以治待乱，以静待哗，此治心者也。以近待远，以佚待劳，以饱待饥，此治力者也。无邀正正之旗，无击堂堂之陈，此治变者也。

故用兵之法，高陵勿向，背丘勿逆，佯北勿从，锐卒勿攻，饵兵勿食，归师勿遏，围师必阙，穷寇勿迫，此用兵之法也。

## 一、概述

孙子兵法十三篇可以分为三个部分，第一部分是"战略与谋划"，包括第一篇至第六篇；第二部分是"战术选择与应用"，包括第七篇（也就是此篇）至第十一篇；第三部分是"专业化方法"，包括第十二篇和第十三篇，第十二篇谈如何使用火攻，第十三篇谈如何使用间谍获取情报。

此篇的核心内容在题目上体现得非常具体，分析的就是"军争"，也就是"两军争利"以及"如何争抢先机"这些现实问题。如果将这一概念引入现代企业经营，它就是"竞争"。当然，如果以企业之间的"竞争"来理解"军争"还不够，因为"军争"争夺的不仅是利，在争夺的过程中还会造成人员的伤亡，而企业之间的竞争主要是争利，还不至于造成人员的伤亡。除去这一点外，"军争"与"企业竞争"就没有什么不同了。

"两军争利"是双方作战的主要目标，也是双方发起战争的主要原因，前面六篇所论是为这一目标服务的，此篇及以后的各篇也都服务于这一目标，由此可见，如何实现"军争"是整个孙子兵法的核心基调。

如何实现"两军争利"的目标呢？首先要知迂直之计，要抢得先机之利，在这个过程中要辩证地看待迂回和近直以及获得与失去，要广交朋友，了解地形，寻求与人合作，不拘常规，因敌制胜；其次还要做到统一指挥，协同作战；最后还要掌握具体的作战原则与方法，有所为有所不为。

## 二、知迂直之计，抢先机之利

为了实现"两军争利"的目标，首先要完成"两军争抢先机"的任务，这是一个前提。为此，孙子说"凡用兵之法，将受命于君，合军聚众，交和而舍，莫难于军争"，即：作战的一般规律是，将领从国君那里接受命令，集合士卒组建军队，两军宿营对垒，即将开始会战，于此期间没有什么比争抢先机更为困难的事了。

争抢先机，可以理解为"先下手为强"；也可以理解为先处战地，"以逸待劳"。

如何做到"先下手为强"或者"以逸待劳"呢？孙子给出的方法是要知"迂直之计"，他说："军争之难者，以迂为直，以患为利。故迂其途，而诱之以利，后人发，先人至，此知迂直之计者也。"

这两句话的意思是：两军争抢先机的困难在于，如何把看似迂回的路线变得近直，把患害转成便利。所以要故意走迂回的道路，并以小利引诱敌人，虽然比敌人晚出发，但是却比敌人早到达会战地点，这才是懂得了将迂回路线变得近直的奥秘。

分析这些话可以得到三点启示。

### （一）辩证地看待迂回和近直

有时看似迂回的路线却是为了达成近直的目标，有时看似近直的路线但却可能因为敌人争夺的激烈而使过程变得非常迂回和漫长，到底应该如何选择路线，必须采用虚实结合的方略和奇正相生的战法，除此之外还要密切关注敌情的变化。

身处市场大潮之中的企业，也必须辩证地掌握迂直之计，如此才能更好地参与竞争，获得胜利。

比如有的企业追求以技术制胜，希望在技术上能够领先他人一步，这样就需要投入大量的时间和财力，就有可能暂时无法获利，甚至得不到别人的认可，可是一旦在技术上取得了突破，就会长足发展并令对手望尘莫及，这就是"以迂为直"的辩证应用。

再如有的企业对于市场非常敏感，总能第一时间捕捉到消费者的需求，从而生产出适销对路的产品，这样就可以及时获得先机，而不用走迂回的路线。但是如果其他企业也能够第一时间捕捉消费者的需求，并且及时向市场推送产品，此时再采用直接的方式进行竞争恐怕就不一定能够获胜，而为了确保获胜，还是需要考虑迂直之计的变化，更多地使用其他方面的竞争方法。

有的企业直来直去，人家做什么，他们就做什么，这样的做法就是不懂得利用迂回策略，就是不明白以正可以合，而出奇才能制胜的道理。

## （二）辩证地看待获得与失去

如果以利诱敌，看上去是一时之失，但却可以帮助我方赢得长远之利，这样的失就是值得的。

事实上，在企业经营过程中，这种放小利以取大利的思想应该普遍受到重视，甚至有的时候还需要采取放大利以取大利的做法，否则，不放利就有可能导致最终无利可图的局面。

比如有的企业向供应商放利，供应商获利以后，会扩大供应数量，保证供应质量，从而提高了企业产品的质量，并使企业的生产进度得到了保障。

比如有的企业向经销商放利，经销商获利以后，会主动扩大代理产品的范围与规模，并且快速地提升企业产品的销售数量，从而使企业做大了产品，扩张了品牌知名度。

比如有的企业向员工放利，制定完善的奖罚措施，给予员工更多的实惠与好处，从而使员工的工作热情被激发，员工的创造力被激活，企业呈现出一派生机与活力。

舍得舍得，不舍不得，这既是军争应该坚守的道理，也是企业做事应该遵守的法则。

## （三）努力抢占先机

无论是以迂为直，诱之以利，还是后发先至，其目的都是为了在作战过程中抢得先机。

善于抢占先机的军队，赢；不善于捕捉机会的军队，输。

善于抢占先机的企业，赢；不善于捕捉机会的企业，输。

无论采用什么样的方法，建立什么样的模式，使用什么样的人才，只要能够时时抢得先机，企业就一定会不断成功并且能可持续地发展，这就是"竞争"的目的。

相反，如果不能够及时抢得先机，步步落后于时代，步步落后于竞争对手，那么企业早晚会失败，必然会破产倒闭，这就是不会"竞争"的结果。

如何争抢先机？很多时候需要借助数据说话，孙子就是一个善于借助数据说话的高手，以下这些文字就是孙子在运用数字比对的方法分析争抢先机过程中的战法使用及利害得失，他说："军争为利，军争为危。举军而争利，则不及；委军而争利，则辎重捐。是故卷甲而趋，日夜不处，倍道兼行，百里而争利，则擒三将军，劲者先，疲者后，其法十一而至。五十里而争利，则蹶上将军，其法半至。三十里而争利，则三分之二至。是故军无辎重则亡，无粮食则亡，无委积则亡。"

这些话的意思是：争抢先机既有好处，也有危害。如果军队带着全部物资装备去争夺先机之利，反而有可能因为速度迟缓而无法及时到达会战地点；如果丢下装备物资去争夺先机之利，就有可能损失这些物品。因此，卷起盔甲，急速行军，日夜兼程，不眠不休，走上一百里去争利，那么上、中、下三军的主帅就会被敌人擒获，强健的士卒走在前面，疲弱的士卒走在后面，这样的走法只能有十分之一的士卒到达会战地点。如果走五十里去争利，先头部队的将领就会被挫败，而到达会战地点的士卒只有一半。如果走三十里去争利，只有三分之二的士卒能够到达会战地点。所以军队没有装备就会失败，没有粮食就会失败，没有物资储备就会失败。

# 三、抢占先机的原则与方法

既然争抢先机有利也有害，那么如何才能趋利避害，获得胜利呢？为此孙子给出了许多的原则和方法，他说："故不知诸侯之谋者，不能豫交；不知山林、险阻、沮泽之形者，不能行军；不用乡导者，不能得地利。故兵以诈立，以利动，以分和为变者也。故其疾如风，其徐如林，侵掠如火，不动如山，难知如阴，动如雷震，掠乡分众，廓地分利，悬权而动。先知迂直之计者胜，此军争之法也"。

这些话的内容十分丰富，可以分别解读如下：

## （一）广交朋友

"不知诸侯之谋者，不能豫交"，不知道一个诸侯国的战略谋划，就不能与之结交。"豫"的意思是"与"，"交"的意思是"结交"，通过结交成为朋友，或者成为盟友，以为外援。

与敌对阵，需要朋友，有朋友相助，胜算会大；

如果没有朋友，但最好也不要多处树敌，因而也需要结交利益相关者，以集中力量对付眼前的敌人。

与朋友相交，首先必须要了解朋友需要什么、喜欢什么、讨厌什么、反对什么等，如此才能够投其所好，才能够成功结交。否则，"不知诸侯之谋者"，就"不能豫交"。

在战争中是这样，在企业竞争过程中也是这样，但凡有大发展之决心的企业，除了要做好自己以外，还应该广泛地结交朋友，并且尽量减少竞争对手的数量。为此，企业要始终保持与供应商、消费者、客户、政府部门、研究机构、社区的密切关系，以获得他们的广泛支持，有了他们的支持与合作，就有可能在竞争过程中不断地赢得先机。

"豫交"的意思是"与交"，我们也可以把它换成"预交"，也就是"提前结交"，这符合中国人交朋友的习惯。事实上，孙子就使用了"预交"这个词，因为"现用现交"不是不行，但往往需要以利益相打动，而且不一定成功；"提前结交"交流的是情感，有了感情遇事再给以利益，这样建立在情感与利益基础上的友谊才会牢固。

在商业往来的时候，在事业发展的过程中，企业家和企业应该以这样的态度去广交天下朋友，多一个朋友多一条路，朋友多了路好走。

### （二）了解地形，抢占先机

"不知山林、险阻、沮泽之形者，不能行军"，在不了解山林、险阻、沮泽等地形时，军队就不能行进，而如果了解了山林、险阻、沮泽等地形时，不仅可以行军，而且还可以争抢到"地之利"也。

孙子在第一篇描述战争胜负的五大决定性因素时，排在第三位的就是"地"，由此可见地形对于作战的重要影响。事实上，孙子后面几篇所谈论的重点都是地形，以及知地所应该掌握的方法。

在孙子兵法中多处提及具体地形的名称，有的在当代还使用，有的在当代已经不再使用或者换了说法。此处孙子所说的山林、险阻、沮泽其实是指六种地形，其中高而崇者为山，众树所聚者为林，坑堑者为险，一高一下者为阻，水草渐湿者为沮，众水所归而不流者为泽。山、林、沮、泽当代还在使用，所指内容也差不多，而险、阻两词虽然在当代也还使用，但与孙子所说的意思已经不再相同。

"了解地形，抢占先机"，这样的指导思想在企业竞争过程中也是可以使用的。从大的角度看，在市场竞争中的"地形"可以指区域，可以指行业；从小的角度看，可以指细分市场，以及不同细分市场中的情况变化。

善于把握市场细分，同时能够针对不同区域和不同行业客户制定不同营销策略的企业往往最具竞争力，最富战斗力；而不分国别，不分区域，不分行业，不分客户特点，不做市场细分，单一地采用同一策略在市场上参与竞争的企业，往往很难取胜。

不知地形之变者，不能行军也。

不知营销策略之变者，不能搞市场也。

像可口可乐这样拥有强大品牌知名度的企业，也不是用一种策略营销世界。在中国，它就用中国人喜欢的包装，并且善加利用中国人的节庆习惯；在非洲，它就用非洲人喜欢的包装，而且还会善加利用非洲人的生活习惯。如此等等，才能保证它可以成为一个世界级的企业，可以成就一个名扬天下的不老神话。

### （三）广泛与人合作

"不用乡导者，不能得地利"，不用向导带路，就不能利用地形为我方谋取便利。向导从哪里来？当然是从当地人中寻找，或者即便不是当地人，也应该是非常熟悉地形的人。

这句话从军事应用的角度看，很好理解；如果从企业竞争的角度看，理解也不难。

试想一下，一个企业在扩张的过程中，进入了另外一个国家、另外一个城市、另外一个地区，如果想更快地熟悉这个国家、这个城市、这个地区的情况，还有什么方法比与当地人合作更为快捷呢？当然，如果跨行业发展，也是这样的道理，如果能够在这个行业中找到已经发展多年的企业进行合作，一定会达到事半而功倍的效果。

看一下国际知名的大企业，它们在世界各个国家的分支机构中，属地化的员工往往占到百分之八九十的比例，这就是现实版的"不用乡导者，不能得地利"也。

### （四）不拘常规，因敌制胜

"故兵以诈立，以利动，以分和为变者也"。用兵打仗要以诡道成功，要以获利多少来决定行动，要处理好分兵和集中的问题，要根据战场变化采用灵活的战术打法。通读孙子兵法，不拘泥于常规，因敌制胜是其所坚持的一个重要指导思想，而且虚实结合、奇正相生是其兵法运用的重要特色。后世学习孙子兵法的人，无论是军事家，还是企业家，都应该重点把握这一思想并且善于运用这一特色。

当然，在企业竞争过程中，坚持商业原则和坚守商业道德是不断地变换竞争策略的前提，恰当地处理眼前之利与长远之利是思考的重点，人员与业务的整合必须配合企业发展的战略进行。

这三点，企业不能忘。

### （五）抢占先机的九条做法

"故其疾如风，其徐如林，侵掠如火，不动如山，难知如阴，动如雷震，掠乡分众，廓地分利，悬权而动。"部队行军迅速时如疾风，缓慢时严整如树林，侵掠敌人时如烈火，驻守时像山一样不可动摇，如阴云蔽天一样不可捉摸，攻击时如雷霆般迅猛，抢掠乡间财物分给士卒，开拓土地分给功臣，权衡利害得失以后再采取行动。

以上是为了争抢先机孙子提出的九条具体做法和要求，也是迂回直之计的具体应用。掌握了这九条，即掌握了迂直之计，而"先知迂直之计者胜，此军争之法也"。

如果把这九条做法做进一步的提炼，可为现代企业管理者借鉴的思想包括：决策及时，执行有力，工作推进迅速；企业内部管理规范，基本功扎实，后方人员能够全面地为市场拓展提供强大的支撑；对于人员的奖罚要及时有力，不要吝惜财物，要充分发挥奖罚的作用；无论是决策还是执行，都要权衡利害得失，都要力争找到最优化的方案。

## 四、统一指挥

与敌作战过程中，统一指挥很重要，为此孙子在十三篇中多有论述，在此篇中，他说："言不相闻，故为之金鼓；视不相见，故为之旌旗。夫金鼓旌旗者，所以一人之耳目也。人既专一，则勇者不得独进，怯者不得独退，此用众之法也。故夜战多金鼓，昼战多旌旗，所以变人之耳目也。"

士卒听不见长官的说话，就用金鼓指挥；兵众看不见长官的动作，就用旌旗指挥。金鼓和旌旗可以统一视听。如果统一视听，士卒的行动就会步调一致，那么勇敢的就不敢单独前进，怯懦的也不敢单独后退，这就是指挥大部队作战的方法。所以，夜间作战多使用火光和金鼓指挥，白天作战多使用旌旗指挥，这也是为了扰乱敌人视听的缘故。

统一指挥在战场上很重要，在企业竞争过程中也很重要。

如果企业经营无法做到统一，那么对内就会政出多门，政令不一，员工无所适从；对外就会自相矛盾，价格混乱，让供应商、经销商、消费者既摸不着头脑，又有机可乘。

无论是对内的不统一，还是对外的不一致，都会破坏企业的品牌影响力，都会阻碍企业快速地成长。

如何做到让企业内外统一呢？这需要借助三个方面的力量。

（1）统一的企业文化。

（2）统一的制度管理。

（3）一支思想统一的管理队伍。

# 五、四治与八不做

知迂直之计是为了实现争抢先机的目的，统一指挥是为了达成两军争利的目标，为了更好地完成争抢先机和与敌争利的任务，孙子在此篇中还明确提出了"四治"与"八不做"的要求。

其中，"四治"的相关内容如下：

"故三军可夺气，将军可夺心。是故朝气锐，昼气惰，暮气归。故善用兵者，避其锐气，击其惰归，此治气者也。以治待乱，以静待哗，此治心者也。以近待远，以佚待劳，以饱待饥，此治力者也。无邀正正之旗，无击堂堂之陈，此治变者也。"

在以上文字内容中，"故三军可夺气，将军可夺心"是一个指导思想，它说明：可以使三军士卒失去战胜敌人的锐气，可以使将军失去战胜敌人的心理意志。如果敌人三军失去了锐气，或者敌方将军失去了求胜的心理，那么我方三军和我方统帅就赢得了先机，并且获得了必胜的把握。同理，为了战胜敌人，我方三军不能失去锐气，必须保持旺盛的战斗力，而且我方将领必须满怀信心，必须坚定必胜敌人的信念。

战争有时候拼的是心理。

竞争有时候拼的也是心理。

心理足够强大的一方，再保有旺盛的士气，那么就已然赢了一半的先机。

心理不够强大，领导犹豫不决，士卒没有活力，那么就会失去一半的胜算。

下面分别解读一下这四个"治"的具体内容。

## （一）治气

关于"气"可以理解为"气势"或"状态"，依照孙子的构想，"气"分三种，即"朝气""昼气"和"暮气"，这三种"气"虽然以时间命名，但并不是与时间同步，而是与时间推移的过程有关。

其中，"朝气锐，昼气惰，暮气归"是指：在打仗的过程中，一开始的时候士气锐不可当，然后随着时间的变化会慢慢变得怠惰，到最后就会变得衰竭。所以，"善用兵者，避其锐气，击其惰归，此治气者也"，也就是说：善于打仗的人，要避开敌人锐不可当的时候，而在敌人士气怠惰直至衰竭的时候再出击，这就是掌握了敌我双方士气变化的规律。

同理，我方在作战的时候一定要把握先机，要赶在我方兵众士气锐不可当的时候就出手，而不要拖到士气消沉的时候再攻击。

## （二）治心

心者，心理状态也。

如何治心？孙子说"以治待乱，以静待哗，此治心者也"，也就是说：用自己的严肃有序对付敌人的混乱不堪，用自己的安宁镇静对付敌人的喧哗骚动，这就是掌握了敌我双方的心理特点。

## （三）治力

力者，战斗力也。

如何治力？孙子说"以近待远，以佚待劳，以饱待饥，此治力者也"，也就是说：用自己的近道便捷对付敌人的远途奔波，用自己的安逸对付敌人的疲劳，用自己的饱食对付敌人的饥饿，这就是掌控了敌我双方的战斗力情况。

### （四）治变

变者，变通也。

如何治变？孙子说"无邀正正之旗，无击堂堂之陈，此治变者也"，也就是说：不要截击旗帜齐整的敌人，不要攻击军容壮大的敌人，这就是采取了灵活变通的战术思想。旗帜齐整，军容壮大，说明敌军有实力，基于"避实击虚"的作战指导原则，当然不能主动攻击实力强大的敌人，否则就会出现"小敌之坚，大敌之擒"的结果。

### （五）八不做

以上为"四治"，以下为"八不做"，何为"八不做"？孙子说"高陵勿向，背丘勿逆，佯北勿从，锐卒勿攻，饵兵勿食，归师勿遏，围师必阙，穷寇勿迫"，这就是八种不能做的事情，即：

（1）敌人如果占领了高地就不要仰攻。

（2）敌人如果背靠高地就不要迎击。

（3）敌人如果假意败逃就不要追击。

（4）敌人如果有锐气时就不要进攻。

（5）敌人如果抛出饵兵一定不要吞食。

（6）敌人如果要退回本国就不要阻截。

（7）如果要包围敌人应该留出一个缺口，以避免其负隅顽抗。

（8）如果敌人陷于绝境就不要逼迫，以避免其做鱼死网破的抗争。

无论是"四治"，还是"八不做"，其目的是什么？争抢先机也。

两军对阵，能够以迂为直，抢占先机的一方必胜。

此军争之法也。

两企竞争，能够机动灵活，抢占先机的一方必赢。

此竞争之法也。

# 第十四章

## 通变行事，机动灵活

### ——《孙子兵法》第八篇

## 九变第八

孙子曰：凡用兵之法，将受命于君，合军聚众。圮地无舍，衢地交合，绝地无留，围地则谋，死地则战，途有所不由，军有所不击，城有所不攻，地有所不争，君命有所不受。

故将通于九变之利者，知用兵矣；将不通于九变之利，虽知地形，不能得地之利矣；治兵不知九变之术，虽知五利，不能得人之用矣。

是故智者之虑，必杂于利害，杂于利，而务可信也，杂于害，而患可解也。是故屈诸侯者以害，役诸侯者以业，趋诸侯者以利。故用兵之法，无恃其不来，恃吾有以待也；无恃其不攻，恃吾有所不可攻也。

故将有五危，必死，可杀也；必生，可虏也；忿速，可侮也；廉洁，可辱也；爱民，可烦也。凡此五者，将之过也，用兵之灾也。覆军杀将，必以五危，不可不察也。

## 一、概述

所谓"九变"就是指依据不同的环境变化，制定灵活多变的战法。

在战场上，环境不是同一的，敌人的状态不是同一的，我方的战力不是同一的，我方在不同时期的诉求不是同一的，各种要素多变，所以战法应该多变。

变则通，通则赢。

在商战中，市场是动态的，竞争对手在发展，各种相关利益者在博弈，消费者的需求在升级，多种要素交相变化，所以市场竞争策略也不能一成不变，绝对不能"一招通吃天下"，也不能"一条路走到黑"。

变则通，通则久。

真正的赢家都是在熟知各种环境背景的情况下，机动灵活地变换战法而取胜的。

这是"九变"的核心思想。

如何变换战法，通变行事？没有定论。这就要求临敌指挥者因地制宜，因时制宜，因敌之情而动。

没有明确的战法，就是"九变"唯一的战法。

# 二、通变行事，机动灵活

此篇与第七篇《军争篇》的开头内容相同，都是说"用兵之法，将受命于君，合军聚众"，意思是作战的规律是将领从君主那里领到命令，然后召集兵众聚合到一起。

这是作战前的程序，也是战前最为重要的准备工作。

把兵众集中到一起容易，率领他们作战并一直取得胜利就没那么容易，所以为将者要通晓九变之术，做到"圮地无舍，衢地交合，绝地无留，围地则谋，死地则战，途有所不由，军有所不击，城有所不攻，地有所不争，君命有所不受。"

"九变"者并非就是九种变化，而应该是千变万化，是灵活多变。下面就分别解读一下孙子在此处所说的十种通变行事的内容。

## （一）在应该撤离的地方及早撤出

"圮地无舍"。

"圮地"是指难以通过的地区，"舍"在这里指宿营，"无舍"就是不能宿营。

"圮地无舍"的意思是在难以通过的地区不能宿营。

为什么在难以通过的地区不能宿营呢？

因为在这样的地方无所依靠，容易受到攻击，而且在受到攻击的时候，还不容易撤退。

依照孙子的思想，既不容易通过，又不容易防守，还不容易撤退，这样的地方不仅不能宿营，还要尽快撤离和放弃。

在市场竞争过程中，有没有"圮地"？

当然有，针对此类市场，开拓困难，开拓以后经营也困难，竞争对手多，可以获得的利益少，企业每走一步都很艰难。

面对如此"圮地"，企业当采取什么样的措施？

一个字，"撤"，既然难有大作为，既然守不住，既然没有长远发展的潜力，那就应该直接选择放弃。

"圮地"不留，到其他地方谋发展，才是上策。

### （二）广泛结交朋友，建立合作关系

"衢地交合"。

"衢地"就是指四通八达的地方，在这样的地方，除了我方和敌方存在以外，还有众多的力量存在。

在衢地行军作战，应该采取的战法就是广泛结交，"交合"就是广泛结交的意思。

在衢地行军作战，为什么要广泛结交呢？

因为结交的朋友越多，帮助我方的力量就越大，而帮助敌方的力量就会越少；相反，如果不广泛结交，而被敌方广泛"合交"，则帮助敌方的力量会大于帮助我方的力量，这会使我方处于不利的态势中。

关于"衢地交合"，孙子是非常看重的，在后面《九地篇》中他还有论述，即"诸侯之地三属，先至而得天下之众者，为衢地"。得天下之众，则得天下之助，得天下之助，则成天下之功。正是因为有了这样的思想，孙子在第三篇《谋攻篇》中才有"上兵伐谋，其次伐交"的结论。

在市场竞争过程中，是一定存有"衢地"的，在"衢地"中，不仅有我方企业存在，众多竞争企业存在，还有供应商、经销商、政府部门、相关专业的研究机构、客户、消费者的存在。

这么多力量交织在一起，共同构成了企业发展的外部环境。

为了谋得更好的发展环境，企业需要结交的不仅有同行业中的企业，当然还包括供应商、经销商、政府主管部门、客户代表、行业协会、研究机构、社区等。

如果企业协调好与各方的利益，建立起"交合"的关系，并且能够形成合作的态势，这对于企业的发展将会产生极大的助力。

否则，仅是关起门自己搞企业是不能成功的。

### （三）不做劳师远征，没有结果的事情

"绝地无留"。

"绝地"就是指与后方隔绝，难以生存的地方。

在这样的地方，因为军队无依无靠，无水无粮，无亲无友，所以要尽快离开，不能停留。

在市场竞争过程中，企业劳师征远，去开拓没有物流支撑，没有消费认同，而且后勤支撑又力所不能及的市场就是进入了绝地。当进入这样的市场时，坚持就不再是一种美德，尽快把力量撤出，放到更适合的区域才是明智之举。

应该坚持的就坚持，这表现的是意志力；

不应该坚持的还在坚持，就是愚蠢。

### （四）尽快撤出容易被包围的区域

"围地则谋"。

"围地"是指难以出入，容易被包围的地方。

在后文《九地篇》中，孙子给出的定义是"所由入者隘，所从归者迂，彼寡可以击吾之众者，为围地"，这样的地形入口狭窄，归路迂回，敌人以很少的力量就可以攻击我方众多的兵力。

进入这样的地方作战，就要巧施计谋，而不能鲁莽行事。

在市场竞争过程中，也会存在类似"围地"的区域，针对这样的区域最好不要进入，也要如同面对"绝地"一样，迅速离开。这是因为在这样的区域，进不容易，出不容易，被人攻击却很容易，如此还有必要进入吗？

事实上，孙子也不主张进入这样的区域，他所说的"围地则谋"，是指不小心进入这样的区域后，在没有办法的情况下必须采取的措施，其最后的目标还是尽快离开。

### （五）以快打快，赢者通吃

"死地则战"。

"死地"不是指真正的死地，而是指"疾战则存，不疾战则亡"的区域。

在这样的区域作战，速战可以获得生存，犹豫不决、迟迟按兵不动就有可能被消灭。

所有的军队作战，没有人想进入"死地"，但是恰巧进入了这样的区域后，想前进却不能前进，想后退却不容易后退，而求战则会有生存的机会，可鼓足士卒的勇气，久拖不决则可能导致粮道断绝、兵心不稳。怎么办？办法只有一个，那就是打，尽快打，快速打击敌人，然后就有机会求得生存和胜利。

用一句话概括这个思想就是"置之死地而后生"。

在市场竞争过程中，真正有实力的企业不怕进入"死地"，进入"死地"以后虽然会冒一定的风险，但是同样可以获得致胜的机会，而且一旦获胜将会给予竞争对手以致命的打击。

以快打快，赢者通吃。

缺乏快速反应能力的企业，还是不要进入"死地"，因为进入"死地"以后考验的就是速度，考验的就是及时决策和快速执行的能力。

以慢打快，没有机会。

### （六）走正道，选择最优路线

"途有所不由"。

有些道路不要经过。

什么样的道路不能经过，比如前面所说的围地、绝地、死地等，都要尽量避免经过。

这是这句话的第一层意思，它的第二层意思或者隐含的意思还包括：

如果有更好的路可走，就不要走眼前的路。

有好走的路不走，却偏要走难行的路，可不可以？

当然可以，那是出奇兵，除此之外，还是要做到"途有所不由"，才有胜算。

毕竟，以奇胜，还要以正合。

把"途有所不由"的思想引入到市场竞争中有着很大的启发意义，它至少说明两点：

（1）不应该走的路就不要走，不应该使用的方法就不要使用，弄虚作假，以次充好，坑蒙拐骗，企业或可一时得利，但从长远看却是得不偿失，难以长久。

正事可做，坏事不能为，走正道取胜光明磊落，选择歪门邪道将自毁长城。

（2）在选择走什么样的道路之前，总要问一句，还有没有更好的选择。

有更好的路可以走，就不走这条路；还有更好的路可以走，就走那条路。总之要选择最优的路线，才会更有助于企业的发展。

### （七）基于实力选择对手

"军有所不击"。

有的军队不能攻击。

什么样的军队不能攻击呢？孙子在前面"八不做"里列举了很多，如锐卒勿攻，饵兵勿食，归师勿遏，穷寇勿迫等。敌人的锐气正盛时，不能攻击；敌人放出的诱饵我方的军队不能攻击；归心似箭的军队不能攻击；穷途末路的军队不要攻击。我方采取守势，兵力不及敌人时，敌人无论如何挑战都不能攻击。

兵力有限，不能攻击，是为了积蓄力量，以待他日做更好的攻击。

在商战过程中，有些对手不能攻击，不能攻击的原因是攻击不了，攻其不下。比如你想挑战微软的实力，向它发起进攻，这无疑就是以卵击石，自不量力；当然，如果自身实力非常强大，也可以向同行中的精英发起攻击，这就如同空中客车向波音公司发起的挑战，结果使其在更大飞机的市场份额中，夺下了半壁江山。

这是实力在说话。

有实力当然不怕任何竞争对手，而没有足够的实力时还是要好好想一想孙子所说的另外一个重要原则，那就是"避实击虚"。

### （八）有所进有所退

"城有所不攻"。

攻城之战最是费时费力，所以孙子在《谋攻篇》中说，"攻城之法为不得已"，能不战而胜人之兵，才是上智。

既然攻城不易，那么无关战略大局的城池就不要进攻；耗时耗力又未必能够攻下的城池，也不要攻击，不要打没有把握的仗，不要做没有把握的事；攻下以后，很难守住的城池不要攻取，攻取之时，劳兵伤财，攻取之后，还要分兵把守，又不一定能够守得住，如此何必进攻它呢？

在市场竞争过程中，有些区域是可以选择放弃的，放弃它们的原因就在于它无关企业发展的战略，也不影响企业营销的大局；有的区域如同鸡肋，进入以后没有多少利润，维护它们还要再花更多的时间，所以还是尽快放弃，或者干脆就不要进入。

"城有所不攻"，市场有所不入，是为大营销。

### （九）有所争有所不争

"地有所不争"。

有的地方不要争夺。

小利之地，争而不可守，则不争为妙。

得之难守，失之无害，争之无用，则不争也。

争不可争之地，损兵折将；争不必争之地，分兵薄力，于己不利，则不争也。

有所为而有所不为，反之，有所不为则有所必为，地有所不争，不是所有的地都不争，有些地不争，目的是可以集中兵力去争当争之地，这才是制胜的关键。

### （十）用可用之人，用而不疑

"君命有所不受"。

君主的命令有的可以不听。

这个思想看似叛逆，但却是孙子坚守的一个重要原则。在前面《谋攻篇》中讲五种制胜之道时，他对此说得更为具体，那就是"将能而君不御"，将有能，君不御；将无能，君不用。用可用之人，用人不疑，这是临敌指挥的一个重要法则，也是两军作战可以取胜的重要条件。

"君命有所不受"在实际应用过程中是有条件的：

第一，君不在，将主事，为了确保决策的及时性，君命有所不受；

第二，君虽在，将有分工，在其分工范围之内的事，君命有所不受；

第三，君虽在，将更有能力，君授权，然后将可以君命有所不受。

"君命有所不受"，不是指在任何情况下将领都不听君上的话，它的核心思想是君上对于臣下的"赋能授权"和充分信任,"依能授权"是一个重要原则,根据实际需要临机变通指挥是其表现形式,切不可以此作为下级不服从上级领导工作安排的借口。

为将之道,肩负国家发展之重任,所以要时刻警觉,时时保持灵活的头脑,因势利导,随机而变,不拘泥于常规常法,才能每战每胜。为此,孙子说"故将通于九变之利者,知用兵矣;将不通于九变之利,虽知地形,不能得地之利矣;治兵不知九变之术,虽知五利,不能得人之用矣"。作为将领能够通晓各种不同的地形条件下变换战术的好处,算是懂得用兵了;否则,即便了解地形,也不能得到地形之利;指挥军队不懂得在不同地形条件下变换战术的方法,即使懂得"五利",也不能充分发挥官兵的作用。此处所说的"五利"就是指"途有所不由,军有所不击,城有所不攻,地有所不争,君命有所不受。"

为将者应该通晓九变之术,如此其所领导的军队才能充满活力。

作为企业管理者也应该通晓九变之术,如此其所在的企业才能充满创造力。

## 三、利中思害,害中思利

如何才能正确地掌握九变之术呢?这里有一个关键,那就是要全面地把握利害转化之间的关系。为此,孙子说"是故智者之虑,必杂于利害,杂于利,而务可信也,杂于害,而患可解也",聪明的人考虑问题一定会兼顾有利与有害两个方面。在不利的情况下看到有利的一面,作战的目的才可以达到;在有利的情况下看到有害的一面,如此祸患才能解除。

于利中思害,于害中思利,也是一种通变。

掌握了利害转化的通变之术,就可以权衡利害,化害为利,"屈诸侯者以害,役诸侯者以业,趋诸侯者以利",用一些有害于诸侯的事情施加压力以使他们屈服,用一些事情驱使诸侯为我所用,用一些小利诱惑诸侯使其被动奔走,从而达成我方"致人而不致于人"的目标。

# 四、做好自己，不怕竞争

如果能够通晓九变之术，做到"致人而不致于人"，就不怕敌人来攻，"故用兵之法，无恃其不来，恃吾有以待也；无恃其不攻，恃吾有所不可攻也"，用兵打仗的法则是：不要寄希望于敌人不来攻打，而要寄希望于我方的不懈备战；不要寄希望于敌人不来进攻，而要寄希望于我方实力强大敌人无法进攻。

作战是这样，做企业也是一样，不要寄希望于对手不向你发起竞争，而是因为做好自己，有了强大的实力以后，就不怕竞争对手的任何挑战。

# 五、高层次人才不应该犯的五种错误

军队能不能通晓九变之利，关键取决于带队的将军，依照第一篇《始计篇》的设计，作为一个将军，应该具备智、信、仁、勇、严五种优良品质。然而在此篇中，孙子又列出了为将者不该有的五种性格缺陷，即"必死""必生""忿速""廉洁"和"爱民"，"故将有五危，必死，可杀也；必生，可虏也；忿速，可侮也；廉洁，可辱也；爱民，可烦也。凡此五者，将之过也，用兵之灾也。覆军杀将，必以五危，不可不察也"。

下面依次解读一下孙子所说的为将者不应该具备的五种性格缺陷，或者也可以称作为将者不应该犯的五种错误：

（1）"必死，可杀也"，"必死者"好勇斗狠，勇敢而无谋略，对于这样的人，不要与之力斗，而应该略施计谋就可以将之杀死。

与之相对应的是，我方在培养高层次人才时，一定要注重其"智"的提升，要尽量使之有勇有谋，而不要有勇无谋。

有勇无谋的人可以做一些执行工作，但绝对不能担任领导，尤其是不能担任高层次领导。

（2）"必生，可虏也"，"必生者"贪生怕死，缺少勇气，不思进攻，先想撤退，对于这样的人，可以设法俘虏他。

与之相对应的是，我方在培养高层次人才时，一定要注重其"勇敢"的特质，对于那些不敢担当的人，绝对不能任之以要职，更不能委之以大任。

（3）"忿速，可侮也"，"忿速者"急躁易怒，好冲动，对于这样的人，可以通过侮辱激怒他而使他犯错误，敌将一犯错误则我方就有取胜的机会。

与之相对应的是，我方在培养高层次人才时，一定要注重观察人才的性格，如果其性格属于好冲动的类型，则要多历之以事以磨其性，磨而不成，则要弃之不用。

（4）"廉洁，可辱也"，"廉洁者"受人尊敬，但同时也容易犯爱惜名声的错误，对于这样的人，可以通过侮辱他而乱其心曲。

与之相对应的是，我方在培养高层次人才时，一定要引导其生成正确的名利观，一方面要鼓励廉洁者，另一方面要避沽名钓誉者出现。

（5）"爱民，可烦也"，"爱民者"，爱其民也，爱其民则对于其民陷入困难不会置之不理，对于这样的人，可以通过袭扰其民而让他忙乱于救援，从而可以将之击败。

"凡此五者，将之过也，用兵之灾也。覆军杀将，必以五危，不可不察也"。

只要为将者有了这五种性格缺陷，那么就是用兵的灾难，结果是军队战败，将军被杀，所以对此不可掉以轻心。

敌方将领如果有此五危，则我方军队当善加利用。

我方将领如果有此五危，当及早清除，弃之不用，以免受其伤害。

# 六、高层次人才的六种特质

综合《始计篇》和此篇中关于为将者的论述，可以勾画出孙子心目中优秀将领的形象，这种形象的描述同样适用于现代企业中的高层次人才，即：

（1）有智慧，善于学习，凡事喜欢思考和规划。

（2）有勇气，敢于拼杀，但不会盲目冲动。

（3）做人有原则，讲诚信。

（4）有大局观，能担当大事，而且成大事不拘小节。

（5）有爱心，负责任。

（6）能自律，也能严格约束他人。

# 第十五章

## 知地而战，知敌而胜

### ——《孙子兵法》第九篇

## 行军第九

孙子曰：凡处军、相敌：绝山依谷，视生处高，战隆无登，此处山之军也。绝水必远水，客绝水而来，勿迎之于水内，令半渡而击之，利；欲战者，无附于水而迎客；视生处高，无迎水流，此处水上之军也。绝斥泽，唯亟去无留，若交军于斥泽之中，必依水草而背众树，此处斥泽之军也。平陆处易，而右背高，前死后生，此处平陆之军也。凡此四军之利，黄帝之所以胜四帝也。

凡军好高而恶下，贵阳而贱阴，养生而处实，军无百疾，是谓必胜。丘陵堤防，必处其阳而右背之，此兵之利，地之助也。上雨，水沫至，欲涉者，待其定也。凡地有绝涧、天井、天牢、天罗、天陷、天隙，必亟去之，勿近也。吾远之，敌近之；吾迎之，敌背之。军行有险阻、潢井、葭苇、山林、蘙荟者，必谨覆索之，此伏奸之所处也。

敌近而静者，恃其险也；远而挑战者，欲人之进也；其所居易者，利也；众树动者，来也；众草多障者，疑也；鸟起者，伏也；兽骇者，覆也；尘高而锐者，车来也；卑而广者，徒来也；散而条达者，樵采也；少而往来者，营军也；辞卑而益备者，进也；辞强而进驱者，退也；轻车先出，居其侧者，陈也；无约而请和者，谋也；奔走而陈兵者，期也；半进半退者，诱也；杖而立者，饥也；汲而先饮者，渴也；见利而不进者，劳也；鸟集者，虚也；夜呼者，恐也；军扰者，将不重也；旌旗动者，乱也；吏怒者，倦也；粟马肉食，军无悬缶，不返其舍者，穷寇也；谆谆翕翕，徐与人言者，失众也；数赏者，窘也；数罚者，困也；先暴而后畏其众者，不精之至也；来委谢者，欲休息也。兵怒而相迎，久而不合，又不相去，必谨察之。

兵非贵益多也，唯无武进，足以并力、料敌、取人而已。夫唯无虑而易敌者，必擒于人。卒未亲附而罚之，则不服，不服，则难用也。卒已亲附而罚不行，则不可用也。故令之以文，齐之以武，是谓必取。令素行以教其民，则民服；令素不行以教民，则民不服。令素行者，与众相得也。

# 一、概述

行军者，向敌军进发也。

向敌军进发之前必须要了解敌军，这在军事学上叫作"相敌"。

向敌军进发是为了作战，作战就需要场地，在不同的场地也就是孙子所讲的地形上作战，要采用不同的方法，这在军事学上叫作"处军"。

此篇要讲述的重点一是如何"处军"，二是如何"相敌"。"处军"要因地制宜，"相敌"要深入全面，这两件事情对于作战非常重要。

把"处军"和"相敌"的思想从军事领域引入经济领域，引入到市场竞争范畴，同样适用。

在市场竞争过程中，了解对手，然后在不同的区域和不同的细分领域与之竞争，这两件事情对于每个企业而言，同样非常重要。

有鉴于此，孙子在此篇所讲的"处军"与"相敌"的思想及方法，对于企业经营有着重大的参考价值。

# 二、在四种地形上如何作战

开篇孙子先讲的是"处军"，也是在四种不同的地形上应该如何作战。

## (一) 山地作战

"处山之军：绝山依谷，视生处高，战隆无登"。

在山地作战时要靠近山谷行军，驻军时要选择向阳且地势高的地方，与地势高的敌人作战时不可采用仰攻的方法。

靠近山谷是为了取水方便，同时也方便设防。

选择地势高而且向阳的地方，一方面有利于士兵休养，另一方面也有利于建构作战态势。

如果敌人占据了地势高的地方，不要向上发起攻击，从"势"的角度看，这对我军不利。

以上就是在山地处军时应该坚持的原则，它对于企业选址，或者企业建立生产基地、研发基地、物流基地有一定的启示。

生产基地要建立在劳动力密集但智力并不密集的地方，这里"靠近水谷"，易于取材。现在很多传统制造业在向西向北迁移，在向其他发展中国家转移便是这个道理。如果不迁不转就必须升级，如果不迁不转也不升级，那就要直面招工难招工贵的问题。

"绝山"只能"依谷"，不会让你有更多的选择。

研发基地要建立在人才比较集中的地方，这里"地势高"，招人容易，留人容易，用人也方便。当然，企业也可以发展出自己的高地，很多美国知名的企业都是建立在一些小镇上，这些小镇原本并没有什么知名度，也没有什么影响力，更谈不上拥有多少高层次人才，只是因为有一个非常成功的企业把总部建在了这里，这里便成了向阳的高地，就成了吸引蜜蜂的花房。

中国有句老话，没有梧桐树就引不来金凤凰，换过来说就是只要有了梧桐树就不怕引不来金凤凰。

很多企业为招不到人才而困扰，其实解决这个问题也没那么难，你只要真心种下梧桐树，就能引来金凤凰；你只要拿出诚意，给足人才所需，全力筑起人才的向阳高地，就不怕人才对你不向往。

"只想马儿跑，不想给马儿吃草"，在这样的环境下，当然没有马儿往你那边跑。

物流基地要建立在交通便利，而且地方政府大力支持的区域。交通不便肯定不行，交通便利政商环境不好也不行。既有好政策扶持，又有交通便利作保障，这样的地方才是物流基地的"向阳高地"。

企业选址是一个大学问，在大学问的背后有大规律，所谓大规律就是普遍适用的原则，这些原则可以在孙子兵法中寻找。

此篇有，它篇也有。

## （二）依水作战

"处水上之军：绝水必远水，客绝水而来，勿迎之于水内，令半渡而击之，利；欲战者，无附于水而迎客；视生处高，无迎水流"。

在水上作战时，我军渡过河水以后必须在远离河水的地方驻扎，如果敌人渡水来战，不要在水上与之交战，而要等敌人渡过一半时再发起进攻，这样才最有利。如果想与敌人决战，不要靠近水边迎敌。我军驻扎时要选择河水的上游，不要选择河水的下游。

水火无情，水火可用，在孙子兵法中，火攻是一个重要的战法，而水攻也是重要战法之一。在古代战争中，有众多的关于水攻的案例，多数情况下都是引上游之水灌下游之城或者下游的驻军。三国演义中，关公水淹七军就是一例；战国时期的战神白起，就多次利用水战帮助秦国攻取了其他几个诸侯国的大量城池。在此，孙子格外强调了无论是驻军还是作战，都要选择河水的上游这个原则，足以说明依水而战时驻军下游的危害。

如果把行业发展的价值链条比作是河水，也存在一个上游、中游和下游的问题。处于价值链的上游企业与处于价值链的下游企业，在竞争过程中应该选择的战略战术是不同的。有实力的企业可以做全价值链的产品和服务，这样最为自由，否则各方就要博弈，就要占据有利于自己的"地形"。

通常处于价值链上游的企业容易掌握主动权，那么下游企业就要向上游靠近，比如中国的钢铁公司，多年受制于巴西和澳大利亚的铁矿石企业，现在为了减少这种制约，便入股这类公司，以尽量延长价值链条，这实在是一种明智之举。

如果下游企业少，而上游企业多，则这种致人与致于人的局面就会反转。

如果上游企业提供的产品有众多的替代品，那么下游企业也会反转主动权。

如果下游企业多，而上游企业少；或者下游企业在选择供应商时，没有替代品出现，那么上游企业依然还会掌握主动权。

如此等等，有利或者不利，主动或者被动，就看谁占据了有利的"地形"。

## （三）盐碱沼泽地带作战

"处斥泽之军：绝斥泽，唯亟去无留，若交军于斥泽之中，必依水草而背众树"。

军队在盐碱沼泽地带行军时，必须迅速通过，不要停留。如果必须与敌人在这样的地形上作战时，就选择邻近水草并且背靠树林的地方驻扎和设防。

针对这句话，可以分为三个层次进行理解：

（1）远离盐碱沼泽等不利地形，入则危险。

（2）必须进入危险区域时要迅速离开，做一个"匆匆过客"，不可恋战。

（3）必须在危险区域作战时，要在不利的环境中寻找有利的条件，正如在盐碱沼泽地带时，要选择有水草的地方驻扎以方便人马进食，要在背靠树林的地方设置防护以充分利用当地的险阻。

把以上三条与企业经营对照，可有：

（1）有些市场不宜进入。

（2）有些区域需要借道而行时就尽快离开。

（3）在不利于企业的区域必须与对手展开竞争时，不要怨天尤人，而是要多方寻找有利因素，以实现从不利到有利的快速转化。

### （四）平原作战

"处平陆之军：平陆处易，而右背高，前死后生"。

在平原地带行军，应该选择平坦的地带驻扎，最好右面和后面是高地，而前面是低地。

平原地带是兵家必争之地，我方感觉便利，敌方感觉也便利。

有些市场是商家必争之地，我方感觉是宝地，对手感觉也是宝地。

争不怕，怕得是不会争。如何争？当然要选择有利的地形，要选择有利的态势，要占得先机。在商战中，品牌的知名度、质量、价格是主要可用的"地形"，此外，"创新品味""与众不同的装修风格"、包装样式、服务态度、售后、客服、配送等，也都是可以创造有利态势的工具。

占据高地，面对低地的敌人，赢得就是从容。

孙子认为以上四种处军的原则，是非常有利于对敌作战的，黄帝能够战胜其他四帝，凭借的就是这些战法（在中国历史上，黄帝与其他四帝合称五帝，他们分别是东方青帝太皞、南方赤帝炎帝、西方白帝少昊、北方黑帝颛顼和中央黄帝）。

孙子在此举黄帝之例说明了坚持以上四种行军原则的可用性和可靠性。

# 三、行军作战的原则和方法

在行军过程中，除了要注意以上四种地形的不同安排以外，还要掌握一些原则和一些具体的战法，为此，孙子说："凡军好高而恶下，贵阳而贱阴，养生而处实，军无百疾，是谓必胜。丘陵堤防，必处其阳而右背之，此兵之利，地之助也。上雨，水沫至，欲涉者，待其定也。凡地有绝涧、天井、天牢、天罗、天陷、天隙，必亟去之，勿近也。吾远之，敌近之；吾迎之，敌背之。军行有险阻、潢井、葭苇、山林、翳荟者，必谨覆索之，此伏奸之所处也。"

这些文字所包含的内容非常丰富，既讲到了作战原则，也讲到了具体战法，下面可以从五个方面进行分析。

## （一）选择比努力更重要

"凡军好高而恶下，贵阳而贱阴，养生而处实，军无百疾，是谓必胜"。

这是行军作战的一个重要原则：

选择干爽的高地，远离潮湿的低地，重视向阳的地方，避免背阴的地方，选择水草丰茂的高地宿营。

把这一行军原则转作企业经营的法则就是：

选择朝阳产业，放弃没落行业。

选择国家支持的战略性行业，放弃国家有意淘汰的产业。

选择潜力巨大的市场，远离饱和的市场。

"选择比努力更重要"，如果选择的行业没有前途，选择的市场没有潜力，那么企业的发展也就没有希望。

加入有序竞争，远离无序竞争，不参与非法竞争。

在充满阳光的地区经营，远离有贪腐的政商环境。

## （二）借助地形谋取地利

"丘陵堤防，必处其阳而右背之，此兵之利，地之助也"。

这是具体地形条件下进行作战的又一个类型，也就是在丘陵堤防地带如何用兵。

在丘陵堤防地带如何用兵？

首先要坚持选择向阳的地方驻扎，这是原则；其次要在西和北两个方向背靠着它，这是具体的要求。

如果做到了这两点，那么就可以借助地形而谋取地利，从而易于战胜敌军。

### （三）沉着应对变化与危机

"上雨，水沫至，欲涉者，待其定也"。

上游下雨，形成了洪水，想要过河，必须等水流平稳以后再过。

下雨还是不下雨，是天意，非人力所能决定，但是在下雨以后我方应该采取什么样的措施，可以人为决定。

如果以下雨比作企业经营的环境，那么下雨是偶然的，这也就意味着企业经营的环境是多变的，而且有的变化不可预料。面对突如其来的环境变化，企业应该沉着应对，静观其变，不要急于出手。"欲涉者，待其定也"，想要过河，必须等水流平稳以后再过。

需要沉稳的时候却沉不住气，这是兵家大忌，当然也是商家大忌，不可不防。

### （四）善于识别、规避和利用风险

"凡地有绝涧、天井、天牢、天罗、天陷、天隙，必亟去之，勿近也。吾远之，敌近之；吾迎之，敌背之"。

孙子在此处列述了六种地形，是不能进入的，如果进入也必须马上离开，这六种地形分别是：

绝涧——两山壁立，中间一水；

天井——四面高峻，中间低洼；

天牢——高山环绕，形同牢狱；

天罗——草盛林密，如同罗网；

天陷——地低泥泞，车马难行；

天隙——两山相对，道路狭窄。

面对此六种险恶地形，我方要远离它们，并且引诱敌人靠近它们；我军要面向它们，而让敌军背向它们，敌军背向它们就无法识别它们，无法识别它们就会靠近它们。

在市场竞争过程中，应该善于识别各种风险，并且要远离这些风险，如果竞争对手没有远离这些风险，就会送给我们大好的进攻机会。在无法回避的风险面前，我们要正视它们，如果竞争对手忽视了它们，同样也会送给我们大好的发展机会。

真正的强者不怕风险，真正的智者善于利用风险。

但是也没有必要铤而走险。

### （五）查缺点补漏洞，不给对手机会

"军行有险阻、潢井、葭苇、山林、翳荟者，必谨覆索之，此伏奸之所处也"。

继前面六种地形要远离以外，此处孙子又列举了五种必须审慎搜索的地形，在这五种地形条件下，要防止敌人设伏兵。它们就是：

险阻——前文提及过，指难以通过的地方；

潢井——低下且有积水的地方；

葭苇——芦苇；

山林——前文提及过，山中树木；

翳荟——草木茂盛，可供遮蔽的地方。

伏兵就是奇兵，我方用之对付敌人为奇兵，敌人用之对付我方就是伏兵。

伏兵所处，自然是不易觉察的地方，在不易觉察的地方防范便容易疏漏，而在最容易疏漏的地方都能够设防，有这样头脑的将领当然很高明。

在这样高明的将领率领下，军队当然可以打胜仗。

在企业经营过程中，经常查找自己的短板，分析可能给竞争对手以可乘之机的漏洞，并力所能及地将之补齐的领导者，也是高明的领导者。

在这样高明的领导者率领下，企业一般不会打败仗。

经常分析自己是一个"知己"的过程，"知己"很重要；

使用多种方法去分析敌人是一个"知彼"的过程，"知彼"更重要。

知己知彼，百战不殆。

知己不知彼，一胜一负。

不知己不知彼，每战必殆。

# 四、三十二种相敌方法

"知己"是一个自观的过程，而"知彼"则是一个"观敌"的过程，或者叫作"相敌"的过程。作为一个经验丰富的领导应该如何相敌呢？孙子在此篇中给出了三十二种方法，这些方法包罗万象，上通天文，下达地理，中有人情世事，极尽丰富。

在这三十二种方法中，有些方法是观察敌卒，有些方法是观察敌将，有些方法是观察敌使，有些方法是观察敌军，还有些方法是观察敌情。其中，前面十七种方法适用于战前，后面十五种方法适用于战中，具体内容如下：

（1）"敌近而静者，恃其险也"，敌人距离我军很近，还能够做到非常安静，由此可以判断敌人有险要地形可以依靠。

用一个成语来形容这种状态就是"有恃无恐"，敌人"有恃无恐"，我方要小心；我方如果能够做到"有恃无恐"，就可以充满战胜敌人的信心，这也可以称之为"有备无患"。

"有备无患"是一种理想的状态，无论是军事组织，还是企业组织，都应该努力追求这种状态。

（2）"远而挑战者，欲人之进也"，敌人距离我军很远，却积极挑战，这是想引诱我军出击。

知道敌人在引诱我军出击时，我军就不能轻易出击，也可以顺势出击，至于到底要不要出击，须根据敌我双方的实力对比情况做出决定。

实力不如敌军，出击失败，正中敌人的圈套；

实力强过敌军，出击胜利，出乎敌人的意料。

只要全面分析时机，认真准备条件，一切皆有可能。

在这个过程中，至关重要的一点还是"致人而不致于人"。

（3）"其所居易者，利也"，敌人在平坦的地方驻扎，这样做一定是有利可图。敌方有利可图，图谋的对象一定是我方，所以我方当小心对待。

（4）"众树动者，来也"，很多树木动摇不定，说明有敌人借助树的掩护想要发起进攻。

（5）"众草多障者，疑也"，敌人在草丛中设置了很多的障碍，这样做的目的是为了迷惑我们。

（6）"鸟起者，伏也"，有鸟惊飞，说明下面设有伏兵。

（7）"兽骇者，覆也"，有兽奔逃，说明旁边设有伏兵。

（8）"尘高而锐者，车来也"，尘土高而且直，说明敌人的战车正向我们驶来。

（9）"卑而广者，徒来也"，尘土低而且宽，说明敌人的步兵正向我们攻来。

（10）"散而条达者，樵采也"，尘土分散，成为条状，说明敌人在砍柴。

（11）"少而往来者，营军也"，尘土少而且此起彼落，说明敌人正在安营扎寨。

（12）"辞卑而益备者，进也"，敌人来使说话谦卑，却在加紧备战，说明他们准备发起进攻。

（13）"辞强而进驱者，退也"，敌人来使说话强横，摆出要进攻的架势，说明敌人准备撤退了。

（14）"轻车先出，居其侧者，陈也"，敌人的战车先出动，并且摆在大军的侧方，这说明敌人正在布阵准备开战。

（15）"无约而请和者，谋也"，敌人无故请求和解，说明其中必然设有阴谋。

（16）"奔走而陈兵者，期也"，敌人士卒奔走，兵阵布好，说明敌人期待与我方决战。

（17）"半进半退者，诱也"，敌人半进半退，说明是想引诱我们。

（18）"杖而立者，饥也"，敌兵倚靠着兵器站立，说明他们非常饥饿。

（19）"汲而先饮者，渴也"，敌兵去打水的，自己先喝，说明敌军整体缺水。

（20）"见利而不进者，劳也"，见到好处都不进攻的，说明敌军已经很疲劳。

（21）"鸟集者，虚也"，很多鸟在敌营上方飞，说明敌营已经空虚。

（22）"夜呼者，恐也"，敌兵半夜呼叫，说明他们内心非常恐慌。

（23）"军扰者，将不重也"，敌兵士卒惊扰，说明将领没有威望。

（24）"旌旗动者，乱也"，敌方旌旗乱动，说明阵型已乱。

（25）"吏怒者，倦也"，敌方军官发火，说明敌军已经非常疲倦。

（26）"粟马肉食，军无悬缶，不返其舍者，穷寇也"，拿粮食喂马，给士卒吃肉，军中没有吊挂的铁锅，部队不返回军营，这就说明敌方已经陷入绝境。

（27）"谆谆翕翕，徐与人言者，失众也"，说话絮絮叨叨，低声下气，语调和缓，说明敌将已经失去人心。

（28）"数赏者，窘也"，多次奖励，说明敌军已经困窘。

（29）"数罚者，困也"，多次惩罚，说明敌军已经困顿。

（30）"先暴而后畏其众者，不精之至也"，先是粗暴地对待部下，然后又害怕部下叛离，这说明敌将极端不精明。

（31）"来委谢者，欲休息也"，敌人前来送礼道歉，说明他们希望停战。

（32）"兵怒而相迎，久而不合，又不相去，必谨察之"，敌人盛怒前来挑战，却迟迟不与我军交手，也不撤退，对这种情况一定要仔细观察。

三十二种相敌之法，在当代已经多数不能使用或者无须再用，但是这些相敌之法内在的逻辑却永远都具有指导价值，尤其是这些逻辑中包含的辩证法思想，透过现象看本质的思维方式，由表及里的分析框架，知彼知己的作战原则，永远都不会过时。

# 五、作战取胜四大要素

处军，相敌，是双方作战过程中的两件大事，但还不是最为重要的制胜因素，在孙子看来，两军对阵，最为重要的制胜因素在于三个方面，即"兵非贵益多也，唯无武进，足以并力、料敌、取人而已"，兵力不是越多越好，不能全靠武力解决问题，取胜要做的事情无非就是三件，即集中兵力、查明敌情、战胜敌人而已。

然而要战胜敌人，最为关键的还是智取，"夫唯无虑而易敌者，必擒于人"，既无深谋远虑又习惯轻敌的人，一定会被敌人擒获。

如此，并力、料敌、取人、智取，就是作战获胜的四大要素。

集中兵力，以多打少。

掌握敌情，采取主动。

击败敌人，战胜益强。

全面谋划，以智为先。

# 六、强化内部管理

在此篇的结尾，孙子谈到了内部管理中的两个重要问题：一是建立系统化的管理制度，并在平时注意严格使用；二是系统化地训练士卒，从德行与能力两个方面让士卒得以提升，并信服其领导。

如此工作，在当代企业管理过程中也是极为重要的大事。

以下是孙子在这些方面的认识：

（1）"卒未亲附而罚之，则不服，不服，则难用也"，如果士卒还没有真心拥护就惩罚他们，他们就会不服，不服，就难以使用。

为了可以更好地使用士卒，先要追求的目标是让他们真心拥护，得人才之心者才能得人才之用。如何才能让人才真心拥护呢？首先要对他们好，其次要给他们利，再次要给予他们发展的平台和职业上升的希望。

（2）"卒已亲附而罚不行，则不可用也"，如果已经获得士卒的真心拥护，却不能对犯了错的士卒施加有效的惩罚，这样的士卒也不能使用。

"有功必奖，有过必罚"，这应该成为一个原则，既然是原则就得人人遵守，不能因为是人才就网开一面。

（3）"故令之以文，齐之以武，是谓必取"，对于士卒要用仁义道德教育他们，要用管理制度去约束他们，这样做才能必然获胜。

只教会人才做事不行，只教会人才做人也不行，既懂得如何做人，又会做事的人才，才是真正的人才。

（4）"令素行以教其民，则民服"，管理制度平时就能够执行，用来训练民众，民众就会信服。

平时就能够执行，可以使遵守管理制度成为一种习惯，只是在需要的时候拿来使用，民众就会不适应。

（5）"令素不行以教其民，则民不服"，管理制度平时并不执行，用来训练民众，那么民众就不会信服。

平时并不执行的管理制度，并不能称之为管理制度，只能称之为文件，民众没有看文件的习惯，所以就不会信服它有作用。

（6）"令素行者，与众相得也"，管理制度平时就能够得到执行，这说明将领与士卒之间建立起了相互信任的关系。

做事依据管理制度，交往凭的是真心和感情，这样的领导与人才交往模式，才是最理想的人才管理模式。

# 第十六章

## 知所进退，完善自己

### ——《孙子兵法》第十篇

## 地形第十

孙子曰：地形有通者、有挂者、有支者、有隘者、有险者、有远者。我可以往，彼可以来，曰通。通形者，先居高阳，利粮道，以战则利。可以往，难以返，曰挂。挂形者，敌无备，出而胜之，敌若有备，出而不胜，难以返，不利。我出而不利，彼出而不利，曰支。支形者，敌虽利我，我无出也，引而去之，令敌半出而击之，利。隘形者，我先居之，必盈之以待敌。若敌先居之，盈而勿从，不盈而从之。险形者，我先居之，必居高阳以待敌；若敌先居之，引而去之，勿从也。远形者，势均难以挑战，战而不利。凡此六者，地之道也，将之至任，不可不察也。

凡兵有走者、有驰者、有陷者、有崩者、有乱者、有北者。凡此六者，非天之灾，将之过也。夫势均，以一击十，曰走；卒强吏弱，曰驰；吏强卒弱，曰陷；大吏怒而不服，遇敌怼而自战，将不知其能，曰崩；将弱不严，教道不明，吏卒无常，陈兵纵横，曰乱；将不能料敌，以少合众，以弱击强，兵无选锋，曰北。凡此六者，败之道也，将之至任，不可不察也。

夫地形者，兵之助也。料敌制胜，计险隘远近，上将之道也。知此而用战者必胜，不知此而用战者必败。故战道必胜，主曰无战，必战可也；战道不胜，主曰必战，无战可也。故进不求名，退不避罪，唯人是保，而利合于主，国之宝也。

视卒如婴儿，故可以与之赴深溪；视卒如爱子，故可与之俱死。厚而不能使，爱而不能令，乱而不能治，譬若骄子，不可用也。

知吾卒之可以击，而不知敌之不可击，胜之半也；知敌之可击，而不知吾卒之不可以击，胜之半也；知敌之可击，知吾卒之可以击，而不知地形之不可以战，胜之半也。故知兵者，动而不迷，举而不穷。

故曰：知彼知己，胜乃不殆；知天知地，胜乃可全。

# 一、概述

孙子兵法第十篇重点讲述了两个方面的内容：一是"知地"，即知地形之可以战与不可以战；二是"知己"，即了解己方的弱点并努力以将其转化成优势。

在市场竞争过程中，在不同的区域和领域需要采用不同的竞争策略，为了使竞争策略更具针对性就必须对所在的细分市场进行深入的研究，这类似于孙子所说的"知地"。

在市场竞争过程中，所有的企业都必须做出SWOT分析，所谓SWOT分析就是分析自己的优势（S）、弱势（W）、机会（O）和挑战（P）。在这其中，分析自己的弱势很重要，只要能够充分地分析自己的弱势，就有机会把它转化出去，甚至有可能将之变成强势，这个过程类似于孙子所说的"知己"。在这一篇中，孙子所论的"知己"就是要了解自己的弱点和短板，其他的不论。

"知地"而后基于地形的变化知所进退；"知己"而后不断地完善自己。

这就是孙子在此篇中要告诉我们的核心内容。

# 二、知地形而后知所进退

关于"知地"，孙子在十三篇中多有论及，而在此篇中，他提出了六种地形，即"通者、挂者、支者、隘者、险者、远者"。孙子认为"凡此六者，地之道也，将之至任，不可不察也"，也就是说，为将者必须了解这六种地形，这是他们的重大责任。

下面分别看一下孙子是如何界定这六种地形的，以及在这些地形上作战时应该采取的策略是什么，它们给予企业经营的启发又是什么。

## （一）始终领先他人一步

"我可以往，彼可以来，曰通。通形者，先居高阳，利粮道，以战则利"。

"通形"者，顾名思义就是交通很方便的地方，在这样的地方，我军可以前行，敌军可以过来，双方来往都很方便。

在"通形"上，要求我方先占据地势高而且向阳的地方，这样做可以保持粮道的畅通，有利于对敌作战。

在战场上的"通形"地带，敌我双方来往都很方便。

在市场上的"通形"区域，所有的企业都可以自由地出入。

换而言之，在"通形"市场上，所有参与竞争的企业都是自由的，可以自由地进，也可以自由地出。

可以自由地进，说明门槛低。

可以自由地出，说明竞争相当激烈，企业随时都有可能被淘汰。

在这样的市场中参与竞争的企业应该采取的策略重点是主动出击，抢占先机，比如同质同类商品，要推出低价格；同质同价商品，要提供更多附加值；同质同类同价商品，要在服务上下功夫等。

创造与众不同的细节，始终领先他人一步，是在"通形"市场上参与竞争并且能够获胜的关键。

## （二）了解敌情，然后打竞争对手一个措手不及

"可以往，难以返，曰挂。挂形者，敌无备，出而胜之，敌若有备，出而不胜，难以返，不利"。

"挂形"者，顾名思义就是指容易去、难返回的地方。

在"挂形"上作战，如果敌人没有防备好，这样攻击他们就能获胜；相反，如果敌人有防备就很麻烦，攻击敌人不仅不能获胜，而且还很难全身而退，非常不利。

在"挂形"上作战之前重点应该思考的问题有三个方面：

（1）能不能不进入这样的地形，不进入最好，因为风险很大。

（2）敌人有没有防备，不能寄希望于敌人没有防备，而要考虑我方准备应战的条件和时机是否成熟。

（3）怎样才能知道敌人有没有防备，这就要做好"间"的工作，也就是要搞好情报工作。

在整个孙子兵法十三篇中，融入了大量的关于做好情报工作的指导思想以及具体的应用策略，并且孙子还专门拿出了一篇即第十三篇去详细介绍情报工作开展的原则与方法，这些都足以说明孙子对于情报工作的重视，而这种重视的必要性在"挂形"作战时体现得非常极致。在"挂形"上作战的关键就是看敌人有没有防备，而知道敌人有没有防备的关键就是要了解敌人的动态，而要了解敌人动态的关键就是做好情报工作。

企业竞争是不是也这样？

面对有些竞争对手，以常规方式难以将其击败，要想战胜他们就必须"以正合，以奇胜"，打他们一个措手不及，没有防备。

如果是同行企业，而且势均力敌，那么双方之间应该比较了解，想打对方一个没有防备就要做好两件事情：

（1）比对方了解我方多，也就是我方占有的对方情报远远多于对方占有的我方情报，这样我们才能够找到对方的弱点或不足。

（2）在竞争策略上不用大动干戈，只要在某些细节上超越对方，令对方没有想到就可以获胜。

比如农夫山泉早期的广告"农夫山泉有点甜"，再比如五谷道场的广告"非油炸更健康"等，这都是于细微之处找到的差异，而这一点差异就足以令竞争对手没想到，而让消费者很容易想起。

寻找这样的方略，做出与众不同一点的产品，打竞争对手一个措手不及而又不能模仿，企业便赢了。

### （三）谋长远之利，不被对手牵制

"我出而不利，彼出而不利，曰支。支形者，敌虽利我，我无出也，引而去之，令敌半出而击之，利"。

"支形"者，我方出击不能获利，敌方出击也不能获利的地方。

在这样的地方作战，敌方即使用小利诱惑我方，我方也不能出击作战；应该假装引兵撤退使敌方追击，并且在其追击到一半的时候再攻击他们。

在"支形"市场上竞争，切忌不能贪图小利，既不能贪图对手的小利，也不能贪图消费者的一时之利，要谋就谋大利，谋长远之利。因为谋小利者，必会因小而失大；谋大利者，就不会目光短视，就不会被竞争对手牵着鼻子走。

努力做好自己，执着地追求产品的质量和层次，不为外界的小利所诱惑，这样的企业还怕有同行竞争吗？

### （四）先下手为强，努力做大自己的长板

"隘形者，我先居之，必盈之以待敌。若敌先居之，盈而勿从，不盈而从之"。

"隘形"者，是指两山峡谷之间的狭隘地带。

在这样的区域作战，我军应该先占领，然后以重兵在隘口把守以待敌军。如果敌军先占领，而且是重兵把守在隘口，我方就不要与之作战而应该撤退；如果敌方虽然占领但是没有重兵把守隘口，就可以与之交战。

以"隘形"喻市场，一方面可以指竞争双方必然争夺的区域，另一方面也可以指一方先行占领的区域。

双方必然争夺的区域，那就要先下手为强，比如在某个地方设置加油站，先布点的占优势，后期进入的就得拼价格、拼服务。

如果不能在技术上占优，就可以在营销上强化攻势，比如戴尔电脑。

与"隘形"市场上的巨无霸企业竞争，必须打细分市场，比如"美团打车"，先从上海出发，而不是从全国范围内与"滴滴出行"竞争。

先下手为强，努力做大自己的长板，就可以致人而不致于人，就可以获胜。

### （五）知所进退，不以身犯险

"险形者，我先居之，必居高阳以待敌；若敌先居之，引而去之，勿从也"。

"险形"者，山峻谷深的地方。

在这样的地方作战，我军如果可以先行占领，一定要在地势高并且向阳的地方驻扎以待敌军；如果敌军先行占领，我军应该立即撤离，不要与敌军接触。

在"险形"地带作战与在"隘形"地带作战时的指导思想几乎一致，只不过在"险形"地带作战时更为干脆，如果敌军先行占领，我军什么都不用想，立刻离开。

在市场竞争过程中，在"险形"区域要非常小心，要知进退，当退则退。否则一旦失败，企业就不再有回旋的余地。

有些企业孤注一掷地进行投资，带有赌博性质地与行业内的巨无霸企业竞

争，这就是以身犯险。

以身犯险者，或可成功，但是这种成功一定是出奇制胜，一定是另辟蹊径，而不能寄希望于对手的失算、失利或失败。

### （六）全力追求与人合作

"远形者，势均难以挑战，战而不利"。

"远形"者，顾名思义就是指路途很远的地方。

在这样的地方作战，敌我双方的力量不相上下，对敌挑战非常困难，如果开战则会对我军不利。

在军事上，如果遇到"远形"地带，应该不战。

在市场竞争过程中，如果遇到势均力敌的对手，也不应该开战。

在军事上，对战双方很难调和彼此的关系，一定是有你没有我，有我没有你。

在市场上，竞争双方可以协调彼此的关系，可以你我同生，你我共同发展。

既然开打对双方都不利，那就彼此讲和，共同把市场做大、做深，大家一起赚钱。

看一下可口可乐与百事可乐的定价就可以说明以上道理。既然大家都是做可乐，彼此可以在口味上做差异，在宣传上做投入，但是绝对不要在价格上拼高低。否则拼来拼去，把价格压到成本线以下时，谁也没钱赚。

现在中国有些行业还是非常喜欢打价格战，这其实并不是理智的做法，如果大家生产的产品或提供的服务都差不同，彼此势均力敌，不分上下，那么可以更多地在细节上进行较量，而不是非要使用价格比拼的低级方法进行厮杀。

厮杀价格，而不提升产品或服务的质量，到最后有可能毁掉的是整个行业。然而当整个行业都失去了消费者的信任时，就会给国外的企业以可乘之机，到那时再想赢回消费者的信心则会变得十分困难。

以上内容论"知地"，孙子认为"知地"是对敌作战能否取得胜利的重要前提，并且反复强调这是为将者应该承担的重大责任，"夫地形者，兵之助也。料敌制胜，计险隘远近，上将之道也。知此而用战者必胜，不知此而用战者必败"，地形是帮助用兵的重要因素，判断敌情，夺取胜利，考察险隘远近的地形，这是贤能将军的用兵法则。

为将者了解这些法则并用以指挥作战就能取得胜利，不了解这些法则指挥作战必定要失败。

企业领导者了解与此相通的法则用以管理企业就能取得成功，不了解这些法则，就不能知"地形之利"，就不能知自己的长短，就不能很好地把握进退的节奏。与战，则不利也。

# 三、知道自己弱点并善于将其转化者胜

"知地"重要，"知己"也重要，尤其是知道自己可能存在的弱点并想办法给予解决，这对于获取胜利非常重要。

在孙子看来，军队有可能存在的弱点也是六个方面，即"凡兵有走者、有驰者、有陷者、有崩者、有乱者、有北者"，而且"凡此六者，非天之灾，将之过也"，也就是说造成这六种情况出现的原因绝对不是天灾，而是人祸，是领军者所犯的过错。"凡此六者，败之道也，将之至任，不可不察也"，这六种情况是造成军队失败的重要原因，作为主要领导，必须将其视为重大责任，必须对其进行深入的研究。

下面分别看一下孙子是如何界定这六种情况的，以及由此给予企业经营的启示是什么？

## (一) 不要以弱击强

"夫势均，以一击十，曰走"。

在双方形势均等的情况下，以少击多而造成的失败，就叫作"走"。走，就是跑，就是逃跑。为什么逃跑？是因为力量相差很大，打不过人家，不逃跑不行。力量相差很大为什么还要打？这就是为将者所犯的过错，原本不应该打，可却因为不了解敌情，或者不自量力而开打，结果怎能不败走。

在市场竞争过程中，如果向十倍实力于我方的对手发起挑战，是不是也很不明智？

战则能胜之，不若则能避之，或者想办法与强者联合，这才是竞争过程中应该坚持的明智之举。

## （二）不要纪律涣散

"卒强吏弱，曰弛"。

军卒强悍而军吏懦弱，由此导致的失败叫作"弛"。

"弛"者，松弛也。

军卒强势，军吏弱势，军心涣散，军纪松弛，这样的军队怎么会有战斗力？

在行军打仗过程中，如果士卒不听从指挥，这就是兵家大忌。

在行军打仗过程中，要想取得胜利就必须做到一切行动听指挥，这是兵家取胜的重要原则。

在企业经营过程中，如果员工不服从管理，这就是商家大忌。

在市场竞争过程中，要想取得成功就必须确保企业的统一、价格统一、包装统一、形象统一、行动力统一等。

只有统一，才能形成企业文化，才能形成企业稳定的商业模式。

## （三）不要吝啬在人员培养方面的投入

"吏强卒弱，曰陷"。

军吏强悍而军卒懦弱，由此导致的失败叫作"陷"。

军吏很强势，军卒很弱势，军吏指挥向前，军卒畏惧不前，这样的军队怎么能不失败？

军吏很有能力，而军卒为什么没有能力呢？主要原因就是军卒缺乏训练，军卒缺乏训练这个问题很好解决，加强军卒训练的工作就是了。

在企业经营过程中，管理人员很优秀，员工不优秀，工作开展很困难。

员工为什么不优秀呢？优秀的管理人员带不出优秀的员工吗？这是一个问题。

优秀的管理人员为什么要带出优秀的员工呢？带出优秀的员工会不会顶替他们的位置呢？这也是一个问题。

员工不优秀是因为企业缺少培训的机会，没有系统化培养人才的机制，只知道让员工干活，不知道让员工成长，更不知道鼓励管理人员带团队，这是多数企业在发展过程中后继乏力的一个重要原因。

如何解决这个问题呢？加强员工的系统化培养工作与常态化的培训工作，真心实意地在员工成长方面进行投入即可。

关于这一点，可以参考美国埃克森美孚石油公司（Exxon Mobile Corporation）的做法，他们是这样描述其员工理念的："我们致力于员工的专业发展并支持他们的职业目标。我们致力于培养多样化的高素质人才，借由他们致力实现企业的商业优势。我们使用一个长期的和职业导向的方法，包括招募优秀的人才和提供机会以广泛地发展个人能力并完成他们的任务。我们的员工文化植根于一个广泛的共同承诺，包括共同致力于安全，保持诚信，完成高质量的工作和争做良好的企业公民。"

在员工管理过程中，或者说是在整个人力资源管理体系里，培养和培训员工都是一项重要的工作，它的重要性已经为广大的企业家所认识，但是却并没有赢得所有企业家的重视。

有的企业在培训员工方面不舍得投入，有的企业对于员工的培养没有规划，它们更多看重的是眼前的利益，而忽视了这种可以帮助企业现在和未来更加成功的最有价值的投入。

看一下美国埃克森美孚石油公司（Exxon Mobile Corporation）在这个方面是如何做的，"为了确保在行业里技术领先的优势，我们百分之七十五的投资都投向了职业培训和技能培训。"这是不是一个大手笔，是不是一个很高的比例？百分之七十五的投资都投向了员工的培养和培训工作，举目整个世界的企业，能有多少公司可以与之匹敌。他们为什么要这样做？因为他们想确保在行业里技术领先的优势；他们这样做有效果吗？看一下他们世界第一石油公司的名头你就知道答案了。

### （四）及时消除高层团队中可能存在的矛盾

"大吏怒而不服？遇敌怼而自战，将不知其能，曰崩"。

偏将对主将不服，遇到敌人自行开战不听从命令，主将并不了解他们的能力，由此导致的失败就叫作"崩"。

偏将为什么对主将不服？是因为主将不了解偏将的能力。

主将不了解偏将的能力，或者了解偏将的能力但不能正确地安排偏将的工作，这会引起偏将对主将的愤怒，从而导致领导团队不和。

内部有矛盾，外敌有机会。

指挥不统一，获胜没机会。

这就是"崩"的危害。

在企业经营过程中，如果高层团队出现了矛盾，那将是企业发展的最大危害，也是一种"崩"。

高层团队为什么会出现矛盾呢？原因非常多，比如利益划分不公平、权力分配不清楚、彼此性格不合、做事风格相冲突等。

高层团队冲突既会危害企业的发展，也会影响个人的成功，其结果往往会导致两败或者多输，有百害而无一利。

如何解决高层团队的冲突呢？关键在于三个方面：

第一，健全组织架构，明确职责权限，依据个人所长进行分工；

第二，建立规范的制度流程，凡事通过程序和制度解决，在解决问题的过程中可以发挥主观能动性但要避免主观随意性，做事要有依据，讲话要有数据，行动要有目标，结论要有说服力；

第三，加强沟通，尤其要加强非常正式场合的沟通与交流。

### （五）选拔高层领导要慎重

"将弱不严，教道不明，吏卒无常，陈兵纵横，曰乱"。

将帅软弱，不能严格约束部下，不能正确地教导部下，其结果是官兵关系混乱，排兵布阵杂乱，由此导致的失败就叫作"乱"。

乱者，混乱，杂乱，乱七八糟也。

为什么乱？原因在于将帅无能。

将帅无能的表现是什么？第一是软弱，第二是带兵不严，第三是不能有效地教导手下。

在军队中，使用了这样的将帅，是最高领导者的用人不善。

在企业中，不能使用这样的人，尤其不能使用这样的人担任高管职务。

什么样的人才可以担任高管职务呢？他（她）除了要满足企业对于专业、能力、资历各个方面的要求以外，还要做到：

第一，担任高管职务者，为人不能软弱；

第二，担任高管职务者，自己要严格遵守公司纪律，除此以外，还能够严格要求自己的手下遵守公司的纪律；

第三，担任高管职务者，必须会带团队，也乐于带队伍。

### （六）高层领导必须全面掌握关于企业发展的内外信息

"将不能料敌，以少合众，以弱击强，兵无选锋，曰北"。

将领不会分析敌情，不会组建精锐的先锋队伍，经常以少击多，以弱击强，由此导致的失败就叫作"北"。

北者，败北也。

为什么会败北？责任仍然在于领导者。

领导者不会分析敌情，这是败北的第一个原因。

领导者应该会分析敌情，这是他可以担任领导者的第一个要求。

换而言之，不会分析敌情的领导就不应该担任领导职务，尤其不应该担任一把手的职务。

败北的第二个原因是领导者不会组建精锐的先锋队伍。

领导者不会组建精锐的先锋队伍说明他不了解自己的队伍。

如果说不会分析情报是败北的外部原因的话，那么不会组建精锐的先锋队伍就是败北的内部原因。

对外不行，对内也不行，这样的人为什么要选择他作为主要领导？

用了这样的人作为主要领导，那就说明最高领导不会用人。

军队是这样。

企业也是这样。

如果一个老板选择的总经理人选对外不懂得战略分析，不了解市场行情；对内不懂得激励员工，不了解员工的成长情况，那么这样的人选还是及早换掉为好。

# 四、胜战三原则

在此篇中，孙子除了论述"知地"和"知己"以外，还从"知地"与"知己"的道理之上引发出三个重要观点，也可以称之为胜战三原则。

## （一）有担当有能力的高层次人才可以得到充分授权

"将在外君命有所不受"。

在前面几篇里，孙子已经论述过这一重要思想。

在此篇中，他说得更加具体，即"故战道必胜，主曰无战，必战可也；战道不胜，主曰必战，无战可也"。

依据战场情况与战争规律可以预见有必胜的把握时，那么即使国君不允许出战，也是可以开战的；如果依据战场情况与战争规律可以预见没有取胜的可能时，那么即使国君要求出战，不开战也是可以的。

战国时期秦国与赵国的长平之战足以说明这一点。

在战争开始的时候，赵国老将军廉颇认为不可以与秦军正面应战，所以便营造高垒深沟，避而不战。

赵王催战，廉颇不听。

所以，初战之时，赵国并没有太大的损失。

可是战争对峙了很长时间以后，赵王沉不住气，把主张进攻而又只会纸上谈兵的赵括任命为主帅，以他换掉了廉颇。

结果，赵括轻敌，贸然出击，中了秦国主帅白起的计谋。

于是，四十万赵军或被杀，或被俘，或被俘而杀。

经由秦赵长平之战可以看出，到底是战还是不战，不应该由国君说了算，而应该由为将者根据"知地"和"知己"等情况的判断，相机做出决定。这个决定有可能会违背国君的命令，有可能会冒巨大的风险，甚至有可能给将军带来杀身之祸，但是，作为一个贤能的指挥官，他不能考虑个人的得失，要对民众与国君负责。"进不求名，退不避罪，唯人是保，而利合于主，国之宝也"，进不为求功名，退不为避罪责，只求保护民众，做有利于君主的事情。

这样的将军才是真正的栋梁之材，是国家不可缺少的珍宝。

"进不求名，退不避罪，唯人是保，而利合于主，国之宝也"，这句话实际上也界定了什么样的人才可以成为将军，什么样的将军可以成为指挥一方的最高领导。

将这一条引入现代企业管理中，可以对照着提出对于企业高管的明确要求，那就是有担当、顾大局、敢做敢为、不计私利。

无此品质，不要让他（她）做高管。

### （二）爱兵如子，但不可骄纵

作为将军，作为领导者，应该如何处理与士兵的关系，应该如何更好地使用士兵作战呢？孙子以为要"视卒如婴儿，故可以与之赴深溪；视卒如爱子，故可与之俱死"。如果对待士卒像对待自家的孩子一样，他们就可以与你一起共赴深溪等险要地形；如果对待士卒像对待爱子一样，他们就可以与你一起共同赴死而不害怕。

以上所论，就是要求对士卒好。

对士卒好，士卒也会对将军好，信任将军，佩服将军，听命于将军。

这比只是提出要求，用纪律和命令进行压制更有效果。

当然，对士卒好也要把握一定的度，也要坚持一定的原则，否则"厚而不能使，爱而不能令，乱而不能治，譬若骄子，不可用也"，厚待士卒却不能指挥他们，溺爱士卒却不能让他们服从命令，军纪混乱却不能整治，这就如同惯坏了的孩子，最终是不能用于作战的。

在现代企业经营过程中，有一个令管理者感到比较困惑的问题，那就是如何有效地领导"90后"以及即将开始工作的"00后"员工。孙子兵法在此给出了一个启示，或许会有参考价值。那就是：

爱护他们，放手让他们做事，力所能及地帮助他们成功；

提出底线要求，设置明确的原则，为他们创造性地做事保驾护航。

如此即可。

如此就好。

### （三）全方位掌握情报对于作战胜利至关重要

孙子重视情报，孙子兵法多有论及情报管理，这在前面已经反复强调，在此篇结尾，孙子又做出了结论性的说明，"知吾卒之可以击，而不知敌之不可击，胜之半也；知敌之可击，而不知吾卒之不可以击，胜之半也；知敌之可击，知吾卒之可以击，而不知地形之不可以战，胜之半也。故知兵者，动而不迷，举而不穷"，知道我方的士卒可以出击，但是不知道敌方的士卒不可以攻击，这样的作战胜算只有一半；知道敌方的士卒可以攻击，但是不知道我方的士卒不可以出击，同样胜算只有一半；知道敌方士卒可以攻击，也知道我方士卒可以出击，但是不知道所在的地形不可以作战，依然只有一半的胜算。所以说，懂得用兵的人，在行军打仗时不会感到迷惘和困惑。

为什么不会感到迷惘和困惑呢？就是因为知情报也。所以说，"知彼知己，胜乃不殆；知天知地，胜乃可全"，既了解敌方也了解己方，就能获胜而不会失败；既了解天时也了解地利，胜利就会无穷无尽。

还没有强化情报管理的企业，读至此是否会有所触动，是否应该有所行动呢？

# 第十七章

## 因地制宜，相机制敌

### ——《孙子兵法》第十一篇

## 九地第十一

孙子曰：用兵之法，有散地，有轻地，有争地，有交地，有衢地，有重地，有圯地，有围地，有死地。诸侯自战其地者，为散地；入人之地不深者，为轻地；我得亦利，彼得亦利者，为争地；我可以往，彼可以来者，为交地；诸侯之地三属，先至而得天下众者，为衢地；入人之地深，背城邑多者，为重地；行山林、险阻、沮泽，凡难行之道者，为圯地；所由入者隘，所从归者迂，彼寡可以击吾之众者，为围地；疾战则存，不疾战则亡者，为死地。是故散地则无战，轻地则无止，争地则无攻，交地则无绝，衢地则合交，重地则掠，圯地则行，围地则谋，死地则战。

所谓古之善用兵者，能使敌人前后不相及，众寡不相恃，贵贱不相救，上下不相收，卒离而不集，兵合而不齐。合于利而动，不合于利而止。敢问："敌众整而将来，待之若何？"曰："先夺其所爱，则听矣。"兵之情主速，乘人之不及，由不虞之道，攻其所不戒也。

凡为客之道，深入则专，主人不克；掠于饶野，三军足食；谨养而勿劳，并气积力；运兵计谋，为不可测。

投之无所往，死且不北；死焉不得？士人尽力。兵士甚陷则不惧，无所往则固，深入则拘，不得已则斗。是故其兵不修而戒，不求而得，不约而亲，不令而信，禁祥去疑，至死无所之。

吾士无余财，非恶货也；无余命，非恶寿也。令发之日，士卒坐者涕沾襟，偃卧者涕交颐。投之无所往者，诸、刿之勇也。

故善用兵者，譬如率然。率然者，常山之蛇也。击其首则尾至，击其尾则首至，击其中则首尾俱至。敢问："兵可使如率然乎?"曰："可。"夫吴人与越人相恶也，当其同舟而济，遇风，其相救也如左右手。是故方马埋轮，未足恃也；齐勇如一，政之道也；刚柔皆得，地之理也。故善用兵者，携手若使一人，不得已也。

将军之事，静以幽，正以治。能愚士卒之耳目，使之无知；易其事，革其谋，使人无识；易其居，迂其途，使民不得虑。帅与之期，如登高而去其梯；帅与之深入诸侯之地，而发其机。焚舟破釜，若驱群羊，驱而往，驱而来，莫知所之。聚三军之众，投之于险，此谓将军之事也。

九地之变，屈伸之利，人情之理，不可不察也。凡为客之道，深则专，浅则散。去国越境而师者，绝地也；四达者，衢地也；入深者，重地也；入浅者，轻地也；背固前隘者，围地也；无所往者，死地也。是故散地，吾将一其志，轻地，吾将使之属，争地，吾将趋其后，交地，吾将谨其守，衢地，吾将固其结，重地，吾将继其食，圮地，吾将进其途，围地，吾将塞其阙，死地，吾将示之以不活。故兵之情：围则御，不得已则斗，过则从。

是故不知诸侯之谋者，不能预交；不知山林、险阻、沮泽之形者，不能行军；不用乡导者，不能得地利。四五者不知一，非霸王之兵也。夫霸王之兵，伐大国，则其众不得聚；威加于敌，则其交不得合。是故不争天下之交，不养天下之权，信己之私，威加于敌，则其城可拔，其国可隳。

施无法之赏，悬无政之令。犯三军之众，若使一人。犯之以事，勿告以言；犯之以利，勿告以害。投之亡地然后存，陷之死地然后生。夫众陷于害，然后能为胜败。

故为兵之事，在顺详敌之意，并敌一向，千里杀将，是谓巧能成事也。是故政举之日，夷关折符，无通其使，厉于廊庙之上，以诛其事，敌人开阖，必亟入之，先其所爱，微与之期，践墨随敌，以决战事。是故始如处女，敌人开户；后如脱兔，敌不及拒。

# 一、概述

孙子兵法第十一篇是整个孙子兵法中篇幅最长的一篇，也是内容最为丰富的一篇。

此篇名为《九地》，顾名思义就是分析在九种地形上作战时应该坚持的原则和使用的战法。除此之外，此篇还论述了众多作战法则，广泛涉及统兵、指挥、协同、作战等方面的内容。

# 二、知九地，成大功

### （一）知道九种地形的重要性

开篇孙子即指出了九种地形的分类，这九种地形分别是散地、轻地、争地、交地、衢地、重地、圮地、围地和死地。

孙子认为，"九地之变，屈伸之利，人情之理，不可不察也"，在九种地形条件下应敌策略的变化，关乎进退攻防的得失利害，以及官兵心理的调整，所以要给予充分的重视。

"四五者不知一，非霸王之兵也"，关于这九种地形，如果有一种不了解，那么就不能成就霸主的军队。

在这九种地形中，衢地、圮地、围地和死地在第八篇《九变篇》中已经提到过，而其他五种地形则是在此处第一次提及。此外，孙子在此篇中也提到了绝地，即"去国越境而师者，绝地也"，也就是离开本国越过他国作战的地方，但却没有将它列入"九地"的范畴中。

下面分别看一下孙子对于这九种地形的界定，以及他所主张的在这九种地形上作战时应该采取的不同策略，其中关于衢地、圮地、围地和死地的解读及其与现代市场竞争状态的比对可以参考前文《九变篇》中的相关内容。

### （二）在散地要统一意志

关于"散地"，此篇中有三处论及：

"诸侯自战其地者，为散地"，诸侯在本国土地上作战的，就叫作散地。

用通俗的话讲，散地就是在家门口作战。

可是，孙子说"散地则无战"，在散地上不能作战。

为什么在家门口不能作战呢？这是因为将士们守家待地，轻易就可以见到亲人，所以不愿意舍命拼杀。

那该怎么办呢？孙子说，"是故散地，吾将一其志"，所以在散地作战，要使我军上下统一意志。

如何统一全军意志，这是对于指挥官的考验。

一旦统一了全军的意志，则是对于敌人的考验。

如何统一整个企业的意志，这是对于企业领导者的考验，而要统一整个企业的意志，远比统一军队的意志还要难。

在企业经营过程中，存在着大量的"散地"，员工只为拿一份工资过日子，不思上进；或者人在企业，可心却不知道在哪里。

如果是年老的员工这样，还可以理解；如果连年轻人也这样工作，那么企业还谈什么活力？市场还谈什么发展？企业的创造力如何体现？企业的业绩如何能提升？

怎么办？企业也要"一其志"，要以"道"统领，动之以情；要以"法"激励，晓之以理，以下几点做法可供参考：

（1）重奖以激励斗志，为此要梳理奖励细则，明确奖励条目，并且及时兑现奖励内容。

（2）重罚以施加压力，为此要梳理工作标准，明确任务完成的时间节点，并且及时惩罚有敢于违反规定者。

（3）强化团队合作的模式，以团队任务带动个人工作，以考核团队的方式激励个人行为，建立个人与团队共进、共退、共荣、共辱的工作模式。

（4）建立分享共赢的利益调节机制，让每一名员工都成为"老板"，让每一名员工都做自己的"主人"，让每一名员工都能够从企业的发展中得到实实在在的利益。

（5）给平台，搭梯子，帮助每一名员工每一天每一年都追求一点进步。

如此，散地亦可以战。

### （三）在轻地要重视团队的作用

关于"轻地"，在此篇中有四处论及：

"入人之地不深者，为轻地"，进入敌方国土不深的地方，叫作轻地。再简短一点表达这句就是，"入浅者，轻地也"。

"轻地则无止"，在轻地不要停留。

为什么在轻地不要停留呢？因为军队刚离开自己的国土，进入敌方国土还不深，很容易撤退。因为很容易撤退，所以一有风吹草动，士卒们就想回家，这样极不利于军心的稳定，也不利于培植战斗力。

所以，在轻地不要停留，而是要快速行军。

"轻地，吾将使之属"，如果一定要在轻地上停留，那么我军营垒要紧密相连。此处，"属"即"相连"的意思。

两军作战之时，初期必然会有"轻地"存在。

在企业经营和市场竞争过程中，也有"轻地"存在。

比如在某些"产品领域"或者"细分市场"中，员工虽然乐于尝试，但是却不肯吃苦，投入一点时间和精力可以，但是过于挑战自己就不行。

通俗点说就是：

试一下就可以了，成了也就成了，不成就撤。

竞争一下也不错，打得过就打，不好打就跑。

在这样的心态下去做市场开拓或者产品开发，往往是很难成功的。

"用心把事情做好"，这才是做事情时应该持有的态度，而"努力就会有所回报"将是必然的结果。

为了防止员工做事不用心，随意打退堂鼓，可以采用"使之属"的方法，即把若干员工的利益连接到一起，让他们同进同退，互相鼓励，并且共享团队收益。

以团队的形式做事，远比个人单打独斗要更有效率，也更不会轻言放弃。

### （四）在争地不一定要争

关于"争地"，在此篇中有三处论及：

"我得亦利，彼得亦利者，为争地"，我方得到了有利，敌方得到了也有利的地方，就是争地。

"争地则无攻"，在争地上不要发起进攻。

在争地上不是完全不可以进攻，而是在敌人先行占领的情况下不要进攻。因为在这样的地方，我军先占领对我军有利，敌军先占领就对我军不利，对我军不利，当然不能进攻。

不能进攻怎么办？"争地，吾将趋其后"，在争地上，我军要让后续部队迅速跟上，以防止敌人发起进攻。

在军事作战过程中，存在着很多"争地"，也就是所谓的兵家必争之地。

在市场竞争过程中，也存着很多争地，比如针对某一些产品的开发，有的企业先做成了，并且迅速占领了市场。这时，我方再开发，再强行进入这个市场时，这样的市场就成了争地。

根据争地不攻的原则，如果有竞争对手先期推出某些产品，我方就轻易不要跟进，尤其是当对方产品在市场上取得重大成功以后。如果我方强行跟进，往往很容易走模仿的老路，或者要直面短兵相接式的厮杀。

事实证明，模仿就会让自己没有核心能力，直面厮杀又会造成两败俱伤，最后企业很难成功。

中国的网约车市场就是一个争地，先入先得利，后入者往往不容易再创造出更好的模式。现在，"滴滴出行"已经雄踞中国网约车市场，其他企业再想进入这个领域就一定会非常困难。

当然，知难而进也不是不可取，只不过知难而进者除了要有热情以外，更应该拥有的是实力。

### （五）在交地上可以寻求合作

关于"交地"，此篇中有三处论及：

"我可以往，彼可以来者，为交地"，这种地形类同于前文提及的"通形"，即我可以过去，敌方也可以过来。

"交地则无绝"，在交地不要让部队首尾不能连接。

为什么要让部队首尾连接呢？因为在交地作战，交通便利，进攻容易，防守不易，所以要保持部队的统一和完整，以防止敌人分兵切割，各个击灭。

既然在交地发起进攻容易，被敌方攻击也容易，所以"交地，吾将谨其守"，即在交地作战，我军要小心谨慎地防守。

在军事上，大平原作战就是交地作战，敌我双方来往都很容易。

在市场上，借助网络竞争也是交地作战，敌我双方进退都很容易，不再受空间的限制。

还是以网约车为例，如果说现在中国的网约车市场是一个"争地"，那么世界网约车市场就是一个"交地"。因为是"交地"，所以美国的网约车公司可以到中国经营，中国的网约车公司也可以到美国发展，美国的优步公司可以到中国寻找客户，中国的"滴滴出行"也可以到美国各地去开拓市场。

如果在军事领域，作战双方在"交地"上必然会争得不可开交，而且还会彼此小心提防。

可是在市场竞争过程中，竞争双方就没有那么强烈的对抗性，而且还可以采用合作的方式解决问题。正如美国优步和中国的"滴滴出行"那样，双方谈判，达成妥协，彼此在自己的地盘上发展，尽量不越界发动进攻。

两全其美，双方获益。

### （六）在衢地上要广交朋友

关于"衢地"，此篇有四处论及：

"诸侯之地三属，先至而得天下众者，为衢地"，同几个诸侯国的土地相接，先到达就可以得到多国支持的地方，就是衢地。

"四达者，衢地也"，四通八达的地方就是衢地。

"衢地则合交"，在衢地就要广泛结交诸侯。

"衢地，吾将固其结"，在衢地，我军要巩固与诸侯的结盟。

"衢地"，最适合用于现代企业经营，它的核心思想就是广交天下朋友，然后可得天下资源为企业所用。

### （七）在重地上要扩张自己的实力

关于"重地"，此篇也有四处论及，前面两处讲什么是重地，后面两处探讨在重地如何作战。

什么是重地？"入人之地深，背城邑多者，为重地"，即进入敌国的纵深地带，已经越过很多敌方城邑的地方，就是重地。简短点说，"入深者，重地也"。

如果进入敌方不深的地方就是轻地，理解了轻地就很容易理解重地。

"重地则掠"，"重地，吾将谨其恃"，在重地作战，我军要多掠夺敌人粮草以补充我军的给养，这是在重地作战可以获胜的关键。

为什么要这样设计重地作战的原则呢？孙子在《作战篇》中早已给出了说明，即"故智将务食于敌，食敌一钟，当吾二十钟；其杆一石，当吾二十石"，如此则胜敌而益强也。

### （八）在圮地上不要恋战

关于"圮地"，此篇有两处论及：

"行山林、险阻、沮泽，凡难行之道者，为圮地"，这句话在前文中已经出现过，意思是山林、险阻、沮泽等不容易通行的地带，就叫作圮地。

"圮地则行"，"圮地，吾将进其途"，在圮地，我军要快速通过。

### （九）在围地上要谋划突围

关于"围地"，此篇有四处论及：

"所由入者隘，所从归者迂，彼寡可以击吾之众者，为围地"，意思是入口狭窄，归路迂回，敌人以少量兵力就可以攻击我军的地方，就是围地。简短点说，"背固前隘者，围地也"，即后有险要地势而前面狭窄的地方就是围地。

"围地则谋"，在围地要谋划突围。

"围地，吾将塞其阙"，在围地，我军要堵住活路，以激励士兵决一死战。

### （十）在死地上要速战

关于"死地"，此篇有六处论及：

"疾战则存，不疾战则亡者，为死地"，如果速战就能生存，如果不能速战就会失败，这样的地方就是死地。

"无所往者，死地也"，没有地方可以前往的，就是死地。

"死地则战"，在死地上必须拼死作战。

"死地，吾将示之以不活。故兵之情：围则御，不得已则斗，过则从"，在死地，我军必须显示拼死的决心。士卒的心理状态是被包围了就会顽强抵抗，形势危急、迫不得已时就会拼死战斗，陷入危亡时就会听从指挥。

孙子非常看重在死地上作战，所以对这种地形的分析比其他八种地形更加深入，他说"投之无所往，死且不北；死焉不得？士人尽力。兵士甚陷则不惧，无所往则固，深入则拘，不得已则斗。是故，其兵不修而戒，不求而得，不约而亲，不令而信，禁祥去疑，至死无所之"。

将士卒置于走投无路的地方，他们就会死战到底而不会败退；如果士卒拼死作战，哪还有不胜的道理？士卒人人尽心尽力。如果士卒深陷危险地带，就一定能够团结一心而不再惧怕，如果士卒走投无路就会军心稳定，深入敌军就会军心凝聚，在万不得已的情况下就会决一死战。所以，士卒在死地作战，不用治理就有戒敌之心，不用要求就有作战意志，不用约束就能亲近团结，不用严格要求就能信守纪律，制止迷信，消除疑惑，到死也不会逃跑。

他又说："吾士无余财，非恶货也；无余命，非恶寿也。令发之日，士卒坐者涕沾襟，偃卧者涕交颐。投之无所往者，诸、刿之勇也。"

我方士卒并没有多余的财物，这不是因为他们不喜欢财货；我方士卒敢于舍弃生命，不是因为他们不喜欢生命。发布作战命令的日子，坐着的士卒泪水打湿衣襟，躺着的士卒泪水模糊了面孔。把他们放在走投无路的地方，他们每一个人都会具备像专诸和曹刿这两个春秋时期知名的勇士一样的勇气。

在中国历史上，置之死地而后生最为经典的案例非"井陉之战"莫属，《史记》中对此战的记载及其背景介绍全面包含了孙子关于死地作战的思想精华。

这一战的前后过程是这样的：

韩信和张耳率领几万人马，想要突破井陉口一带，攻击赵国。

赵王和成安君陈馀听说汉军将要来袭击，便在井陉口聚集了大量的兵力，号称有二十万之多。

广武君李左车向成安君陈馀献计说："听说汉将韩信渡过西河以后，已经俘虏了魏王豹，生擒了夏说，最近还血洗了阏与这个地方，如今又以张耳辅助，计议要夺取赵国。这是乘着胜利的锐气离开本国远征，其锋芒不可阻挡。可是，我听说千里运送粮饷，士兵们就会面带饥色；临时砍柴割草烧火做饭，军队就不能经常吃饱。眼下井陉这条道路，两辆战车都不能并行，骑兵更是不能排成行列，行进的军队逶迤可达数百里，运送粮草食物的队伍势必远远地落到后边。希望您临时拨给我奇兵三万人，让我从隐蔽小路拦截他们的粮草，您就深挖战壕，高筑营垒，使营盘变得坚固，不和他们交战。这样，他们向前不得战斗，向后无法退却，我再出奇兵截断他们的后路，使他们在荒野上什么东西也抢掠不到。我相信，用不了十天，两将的人头就可以送到将军帐下。希望您能仔细考虑我的计策。否则，一定会被他二人俘虏。"

成安君是一个信奉儒家学说的刻板书生，经常宣称正义的军队不用欺骗和诡計，他说："我听兵书上讲，当兵力十倍于敌人之时，就可以包围它；超过敌人一倍就可以交战。现在韩信的军队号称数万，实际上不过只有数千。他们竟然跋涉千里来袭击我们，早已经极其疲惫。如今像这样回避不出击，如果他们强大的后续部队到来，又怎么对付呢？诸侯们会认为我胆小，到那时就会轻易地来攻打我们。"

所以，他就不肯采纳广武君的计谋。

韩信派人暗中打探，了解到陈馀没有采纳广武君的计谋，回来报告，韩信大喜，这才敢领兵进入井陉狭道，并在离井陉口还有三十里的地方，停下来宿营。

他在半夜传令出发，挑选了两千名轻装骑兵，让每人拿一面红旗，从隐蔽小道上山，在山上隐蔽着观察赵国的军队。

韩信告诫说："在交战时，赵军见我军败逃，一定会倾巢出动追赶我军，你们火速冲进赵军的营垒，拔掉赵军的旗帜，竖起汉军的红旗。"

又让副将传达开饭的命令，说："今天打垮了赵军正式会餐。"将领们都不相信，假意回答道："好。"

韩信对手下军官说："赵军已先占据了有利地形筑造了营垒，他们看不到我们的大将旗帜和仪仗，就不肯攻击我们的先头部队，怕我们到了险要的地方退回去。"于是，韩信就派出万人为先头部队，出了井陉口，背靠河水摆开战斗队列。

赵军远远望见，大笑不止。

天刚蒙蒙亮，韩信设置起大将的旗帜和仪仗，大吹大擂地开出井陉口。赵军打开营垒攻击汉军，激战了很长时间。这时，韩信和张耳假装抛旗弃鼓，逃回河边的阵地。河边阵地的部队打开营门放他们进去。然后再和赵军激战。赵军果然倾巢出动，争夺汉军的旗鼓，追逐韩信、张耳。韩信、张耳已进入河边阵地。全军殊死奋战，赵军无法把他们打败。

韩信预先派出去的两千轻骑兵，等到赵军倾巢出动去追逐战利品的时候，就火速冲进赵军空虚的营垒，把赵军的旗帜全部拔掉，竖立起汉军的两千面红旗。这时，赵军已不能取胜，又不能俘获韩信等人，想要退回营垒，可是营垒当中已经插满了汉军的红旗，大为震惊，以为汉军已经全部俘获了赵王的将领，于是军队大乱，纷纷落荒潜逃，赵将即使诛杀逃兵，也不能禁止。于是汉兵前后夹击，彻底摧垮了赵军，俘虏了大批人马，杀死成安君，生擒了赵王。

韩信传令全军，不要杀害广武君，有能活捉他的赏给千金。于是就有人捆着广武君送到军营，韩信亲自给他解开绳索，请他面向东坐，自己面向西对着坐，像对待老师那样对待他。

众将献上首级和俘虏，结束后，都向韩信祝贺，趁机问韩信："兵法上说：'行军布阵应该右边和背后靠山，前边和左边临水'。这次将军反而令我们背水列阵，说'打垮了赵军正式会餐'，我等并不信服，然而竟真取得了胜利，这是什么战术啊？"

韩信回答说："这也在兵法上，只是诸位不了解罢了。兵法上不是说'陷之死地而后生，置之亡地而后存'吗？况且我平素没有得到机会训练诸位将士，这就是所说的'赶着街市上的百姓去打仗'，按照这种形势下非要把将士们置之死地，使人人为保全自己而战不可；如果给他们留有生路，就都跑了，难道还能得到他们的支持并且使用他们吗？"

将领们都佩服地说："好。将军的谋略不是我们所能赶得上的呀。"

# 三、作战获胜的八大法则

除了分析在九种地形上如何作战以外，此篇还论述了大量的用兵法则，这些作战法则通用于企业经营和市场竞争。

### （一）使敌被动

对战双方，一方主动时，另外一方就容易陷入被动。

陷入被动的一方不利，而居于主动的一方有利，因此，我方必须使敌方被动。

如何使敌方被动？孙子说"所谓古之善用兵者，能使敌人前后不相及，众寡不相恃，贵贱不相救，上下不相收，卒离而不集，兵合而不齐"，让敌方前军与后军不能互相策应，主力部队和小部队之间互相不能接应，军官与军士之间互相不能救应，敌军上下之间无法互相呼应，士卒分散而无法集中，即使集中了也无法做到整齐和统一。

如此，敌方就被动了。

敌方被动了，我方就主动了。

我方主动了，就可以"致人而不致于人"。

于是，就有了获胜的机会。

## （二）善于取利，善于用利，不做无用之功

行军打仗，劳师远征，劳民伤财，是国之大事，不可以草率而为之。

如何见得不是草率行为呢？那就要用"利"字做判断，"合于利而动，不合于利而止"，绝对不做无用功，绝对不能图虚名。

关于取利、用利，如何取利，如何用利，如何使敌方不利的思想，孙子兵法中多有论述，十分精彩。

在《始计篇》中，他说"计利以听，乃为之势，以佐其外。势者，因利而制权也"，"利而诱之"。

在《作战篇》中，他说"夫兵久而国利者，未之有也"，"故不尽知用兵之害者，则不能尽知用兵之利也"，"取敌之利者，货也"。

在《谋攻篇》中，他说"故兵不顿而利可全，此谋攻之法也"。

在《形篇》中，他说"以利动之"。

在《虚实篇》中，他说"能使敌人自至者，利之也"。

在《军争篇》中，他说"以迂为直，以患为利"，"故迂其途而诱之以利"。

在《九变篇》中，"利"字出现了五次之多。

在其他几篇中，"利"字也是多有出现。

由此可以看出孙子对于"利"及"用利之法"的重视，以及其不尚虚名，务实求利的作战风格。

这对于现代企业领导者有着十分重要的参考价值。

## （三）打击敌方要害

与敌作战，尤其是与强敌作战，全面出击是不现实的，一招制胜是最理想的，而要想一招制胜，就必须准确地找到敌方的弱点或者关键节点。为此，孙子说"敌众整而将来，待之若何？曰：先夺其所爱，则听矣"，敌人兵力众多而且阵容严整，杀气腾腾地冲向我方，我们应该怎么办？首先要夺取敌人最重视或者最重要的地方，然后敌方就会被我方牵制。

曹操与袁绍对决，袁绍数十万大军，人数众多，而且士气旺盛，曹军正面对决没有胜算，于是出奇兵，打击袁军要害即粮草，一战而定输赢。

在市场竞争过程中，善于寻找对手的要害进行打击也是可以获胜的重要方法。此外，即便不去打击对手，而如果能够找到对手的弱点或者被对手忽视的地

方善加利用或者大力发展，也可以达到一招制胜的目的。

在商战过程中，价格可以成为一招制胜的方法，服务可以成为一招制胜的方法，技术可以成为一招制胜的方法，绿色有机可以成为一招制胜的方法，高端上档次可以成为一招制胜的方法。

至于选择使用哪一招，这要看具体的企业、具体的行业以及行业和企业的不同发展时期而定。

如果有哪个企业可以组合使用以上各招而同时发力，那么这家企业就有可能成为世界知名的成功企业。

竞争对手想要从这样的企业身上寻找可以打击的关键节点，将会变得十分困难。

### （四）速度是决定胜负的关键

两军作战，要力求速战速决。

所以，孙子说"兵之情主速，乘人之不及，由不虞之道，攻其所不戒也"，用兵的法则是追求速度，速度快就可以到达敌人还没有到达的地方，走敌人意料不到的道路，攻击敌人还没有防备之处。

无论是行军打仗还是市场竞争，到达对方还有没到达的地方，都是一件令我方很舒服的事情。

敌方未到，我方没有压力。

我方已到，可以取得先发优势。

敌方赶到时，我方早已经做好准备，或者早已经发展出了优势，故用兵之法，无恃其不来，恃吾有以待也；无恃其不攻，恃吾有所不可攻也。

因为速度快，所以走了敌人没有意料到的道路，这就是一种出奇兵的战法。这种战法无论是用于军事作战，还是用于企业竞争，都是百战百胜的打法。这一打法的关键除了奇以外，还要求必须做到一个字，那就是"快"，兵之情主速也。

攻击敌人还没有防备的地方，在此篇中叫作"攻其所不戒"，在《始计篇》中叫作"攻其所不备"，无论是不戒还是不备，关键都跟着另外一个条件，那就是"出其不意"。敌人没想到，所以没有准备，即便准备了，也因为没有想到我方会从这里进攻而把准备工作做得并不充分，于是我方就有了可乘之机。

在商战过程中，能够找到对手所不备的地方，可以赢；

能够找到对手准备不充分的地方，也可以赢。

赢与不赢的关键是什么？当然还是速度。

如果速度不够快，对手已经准备好了，我方就没有机会了。

如果速度不够快，对手发现了自己还没有防备的地方，我方一样也就没有机会了。

所以，速度决定胜负。

所以，兵之情主速也。

### （五）在敌力范围内作战时要坚持的四个原则

在敌方的势力范围内作战，从表面上看我方处于不利的态势，但实际上如果战法运用得当，就可以转化这种态势，变不利为有利，变被动成主动。

如何做得到呢？孙子提出了四个原则：

（1）深入则专，主人不克。因为深入敌方，所以士卒会专心作战，敌方因此就不能获胜。

由此得出在敌方势力范围内作战的第一个原则就是"专心作战，主动出击"。

（2）掠于饶野，三军足食。在敌方富饶的原野上掠夺粮草，三军就会有足够的物资供应。

由此得出在敌方势力范围内作战的第二个原则就是"因粮于敌，越战越强"。

（3）谨养而勿劳，并气积力。小心保养士卒的体力而不要让他们劳累，全面提升士卒士气，积极积蓄力量。

由此得出在敌方势力范围内作战的第三个原则是"全力养兵，积极备战"。

（4）运兵计谋，为不可测。部署兵力，施展计谋，让敌人摸不清我军的实力。

由此得出在敌方势力范围内作战的第四个原则是"积极筹划，虚实结合"。

### （六）建立利益共同体

对敌作战必须统一思想，统一行动，统一指挥。

这三个统一实现以后，部队就会达到协同的效果。

关于协同作战的表现，孙子在此篇中以一种动物作为比喻进行了说明，"故善用兵者，譬如率然。率然者，常山之蛇也。击其首则尾至，击其尾则首至，击其中则首尾俱至"。

善于指挥作战的将军，可以使部队如同率然那样行动。率然是常山地区的一种蛇，你攻击它的头部，它的尾部就会救应；你攻击它的尾部，它的头部就会救应；你攻击它的腰部，它的头部与尾部都会救应。

一方有难，各方支援，这就是最好的协同。

部队能够做到像率然一样协同吗？孙子对此充满信心，而且也深知要实现协同不能只是依靠强制和命令，而应该以利驱动，强化管理，并善用地形。他说："敢问：兵可使如率然乎？曰：可。夫吴人与越人相恶也，当其同舟而济，遇风，其相救也如左右手。是故方马埋轮，未足恃也；齐勇如一，政之道也；刚柔皆得，地之理也。故善用兵者，携手若使一人，不得已也"。

孙子在此首先采用了一种自问自答的方式说明协同可以实现，"试问部队可以像率然一样行动吗？回答是当然可以"。接着他举了一个比较极端的例子说明这一点，"吴国人和越国人虽然相互仇视，但当他们同船共渡遇到大风时，就能像左手帮助右手一样互相救援"。

相互仇视的敌人都能做到，自己人当然也能够做到。

相互仇视的敌人能够做到是因为彼此有共同的利益，这一点很重要。

自己人应该做到但是如果不去做，那就说明利益不相关，这一点也很重要。

自己人协同作战似乎是理所当然的事。

可天下其实就没有理所当然的事，因此，对于自己人而言，如果希望他们更好地协同作战，也应该为他们设计可以共同分享的利益，做到了这一点，才可以保证协同目标真正地实现。

很多企业为各个部门之间工作不协同，相互扯皮而困扰。

很多企业认为通过强化流程管理，加强部门之间的沟通就能够解决这个问题。

然而事实上，解决这类问题的最好办法还是"以利驱动"。具体做法就是量化各个部门的工作任务，明确各个部门之间应该配合的工作内容，并且向所有相关人员进行公布。公布任务的同时，也公布任务完成与完不成的奖罚措施。对于积极配合工作的人员要给予真金白银的奖励，对于主动协同的部门除了要集体给予真金白银的奖励以外，还要通报表扬给予精神激励。

如此，协同工作就有好处，不协同工作就有惩罚，则协同目标可以实现。

孙子就不主张用说教和强制的方式让部队如率然一样协同，他说"将马匹捆绑在一起，将车轮掩埋起来，认为这样就能使军心稳固，而其实是不可靠的"。

"如果希望士卒齐心协力勇敢作战，团结得就像一个人一样，那要依靠有效的管理；如果希望强壮的士卒与柔弱的士卒都能全力拼杀，那要借助地形的优势；所以善于用兵的将领，能使全军携起手来如同一个人一样齐心，那要借助不得已的客观形势"。

### （七）为大将者要冷静、多谋、公正无私而且善于管理

对于将军的要求，孙子在其兵法中并没有系统的论述，但却多有提及，比如在第一篇中提到了为将者要有"五材"，在第八篇中提到了为将者不要有"五过"等。

在此篇中，孙子说"将军之事，静以幽，正以治"，即作为将军处理事情，必须做到冷静而且令人感觉莫测高深，公正而且善于管理。

这是对为将者的一个总体要求，而他在具体做事的时候还需要把握灵活的方法，"能愚士卒之耳目，使之无知；易其事，革其谋，使人无识；易其居，迂其途，使民不得虑。帅与之期，如登高而去其梯；帅与之深入诸侯之地，而发其机。焚舟破釜，若驱群羊，驱而往，驱而来，莫知所之。聚三军之众，投之于险，此谓将军之事也"。

以上所说的这些做法，后世有人给予了批评，认为这里面包含了诸多的愚兵思想，是不对的。然而事实上，放弃了孙子兵法的整体思想只盯住这一个细节就对孙子及其兵法下定论，这才是真的不对。

下面翻译一下以上所说的具体内容，从中我们要把握的是为将者应该以灵活多变的方法，并且善于利用形势管理下属这一思想，其他的不论。

不让士卒以耳目打听过多的军事行动细节，使他们并不了解将军的作战意图；经常变化作战任务，经常改变行动方案，使士卒无法把握将军的进攻方略；不断变换军队的驻扎营地，经常挑选迂回的行军路线，使士卒无法揣测将军的思想。将军与士卒约定作战时间以后，如同上到高处撤掉梯子一样，使他们只能进而不能退；将军与士卒共同进入诸侯的土地以后，就如同射出的箭一样，使他们明白没有回头路；烧掉战船，打破炊具，激励士卒义无反顾地进攻，就像放羊一样，赶到这边，再赶到那边，没有人知道要到哪里去。集合官兵，把他们投放到危险的地方，让他们英勇杀敌，这就是将军要做的事情。

### （八）因地制宜，因人制宜，机动灵活，可以成就大事

此篇重点谈"知地"，即知地形之变化及如何在不同的地形上作战。此外，

还在探讨一些作战原则，这些作战原则包括"因地制宜""机动灵活""主动出击"等。

下面这些语言就全面地反映了以上所说的几个原则，"是故不知诸侯之谋者，不能预交；不知山林、险阻、沮泽之形者，不能行军；不用乡导者，不能得地利。四五者不知一，非霸王之兵也。夫霸王之兵，伐大国，则其众不得聚；威加于敌，则其交不得合。是故不争天下之交，不养天下之权，信己之私，威加于敌，则其城可拔，其国可隳"。

"是故不知诸侯之谋者，不能预交；不知山林、险阻、沮泽之形者，不能行军；不用乡导者，不能得地利"，这句话在第七篇《军争篇》中已经出现过，这里再次提及是重复出现，重复出现说明孙子对于这句话非常重视。

不了解一个诸侯国的战略意图，就不能与之结交。

不知道山林、险阻、沮泽地形的特点，就不能行军。

不使用向导带路，就不能有效地利用地形。

概括这三句话的思想就是与敌作战必须慎之又慎，必须以机动灵活的态度应对各种可能出现的变化。

"四五者不知一，非霸王之兵也"，这句话是在强调"知地"的重要性，如果针对前文所说的九种地形，有一种地形不了解，那么就不可能成就霸主的军队。

霸主的军队有什么特点呢？如果进攻一个大国，那么这个国家的民众就来不及聚集；兵威加于这个国家，则这个国家原有的盟国就不敢再与它联合。

成就霸主的军队也就可以成就大事，成就大事必须知九地之变化，知道应该机动灵活地采用不同的战法，所以，不争着与邻国结交，不培植号令天下的权力，伸展自己的意愿，兵威加于敌国，就可以攻克敌人的城邑，摧毁敌人的国都。

"机动灵活"除了体现在对于地形的应用上之外，还应该体现在对于士卒的管理上，要"施无法之赏，悬无政之令。犯三军之众，若使一人。犯之以事，勿告以言；犯之以利，勿告以害。投之亡地然后存，陷之死地然后生。夫众陷于害，然后能为胜败"。

施行看似不合常规的奖赏，颁布看似不合常规的法令，这样"因人制宜"地进行奖罚的目的就在于注重激励的实效性和针对性。

指挥三军作战，就像指挥一个人一样，要保持军队的高度统一。

指挥冲锋陷阵的士卒作战，不要说明作战意图；让士卒只知道有利的情况，而不知道有害的情况。把他们投放到危亡的地方然后他们就生存了；让他们进入死地以后他们就存活了。把士卒陷入危险的地方，士卒就会专心作战，如此"因地制宜"地用兵，就一定能够获胜。

## 四、作战获胜的重点与路线图

在此篇的结尾，孙子明确提出了对敌作战的重点，并描画出一幅作战取胜的路线图，他说："故为兵之事，在顺详敌之意，并敌一向，千里杀将，是谓巧能成事也。是故政举之日，夷关折符，无通其使，厉于廊庙之上，以诛其事，敌人开阖，必亟入之，先其所爱，微与之期，践墨随敌，以决战事。是故始如处女，敌人开户；后如脱兔，敌不及拒。"

对敌作战的重点是：

谨慎地审察敌人的意图，然后集中兵力攻击敌人薄弱的一点，如此就可以做到千里之外杀死敌军的将领，这可以称之为用巧成事。

对敌作战的路线图是：

作战谋划完成，计划确定以后，就要封锁关口，销毁通行证件，不让敌国使者随意行走。君臣在庙堂之上反复推演，全面庙算并及时做出战略部署。敌军一旦露出破绽，就要迅速出击，首先夺取他们最为重要的地方，但不要与敌人约定作战时间。我方既要严格地遵循作战计划，又要机动灵活，以应对敌情的变化，这是必须遵守的主要作战原则。

作战刚开始的时候要像未嫁的女子一样沉静柔弱，如此敌人就会打开门户，放松警惕；然后及时出击，就像逃脱的兔子一样迅速，这样敌人就来不及防御。

# 第十八章

## 目标导向，专业做事

### ——《孙子兵法》第十二篇

## 火攻第十二

孙子曰：凡火攻有五：一曰火人，二曰火积，三曰火辎，四曰火库，五曰火队。行火必有因，烟火必素具。发火有时，起火有日。时者，天之燥也。日者，月在箕、壁、翼、轸也。凡此四宿者，风起之日也。

凡火攻，必因五火之变而应之。火发于内，则早应之于外。火发兵静者，待而勿攻；极其火力，可从而从之，不可从则止。火可发于外，无待于内，以时发之。火发上风，无攻下风。昼风久，夜风止。凡军必知有五火之变，以数守之。

故以火佐攻者明，以水佐攻者强。水可以绝，不可以夺。

夫战胜攻取，而不修其功者，凶，命曰"费留"。故曰：明主虑之，良将修之，非利不动，非得不用，非危不战。主不可以怒而兴师，将不可以愠而致战；合于利而动，不合于利而止。怒可以复喜，愠可以复悦，亡国不可以复存，死者不可以复生。故明君慎之，良将警之，此安国全军之道也。

## 一、概述

孙子兵法第十二篇与第十三篇可以称得上是专业技术篇，在这两篇中，孙子分别对如何以火攻击敌人以及如何获取情报进行了专题论述，并由此提出了很多作战方略。

孙子基于论火攻所提出的这些作战方略背后支撑的作战原则对于企业经营和市场竞争都具有重要的参考价值。

# 二、成大事三要点

在此篇开头，孙子说："凡火攻有五：一曰火人，二曰火积，三曰火辎，四曰火库，五曰火队。行火必有因，烟火必素具。发火有时，起火有日。时者，天之燥也。日者，月在箕、壁、翼、轸也。凡此四宿者，风起之日也。"

概括这些文字可以看出，其中表述了三个方面的内容：

（1）火攻的种类。

孙子认为，火攻的类型可以分为五种，即火人、火积、火辎、火库和火队。其中，第一种是以火攻人，烧杀敌人的军马。第二种至第五种是以火攻物，包括火攻敌人的粮草、辎重、物资仓库以及粮道和运输设备。

（2）火攻的备战。

"行火必有因，烟火必素具"。

运用火攻必须具备条件，所以平常就要准备火攻的器材。

积极备战是作战获胜的重要前提，无论是使用火攻还是其他战法，"事在当下，功在平时"，都是一个重要的法则。

这个法则当然也适用于企业参与市场竞争。

（3）火攻的时机。

"发火有时，起火有日"。

放火要选择有利的天气和时机。

干燥的天气有利于火攻，最好的火攻时机依照月亮的运行而选择，当月亮运行到箕、壁、翼、轸四个星宿的时候，通常就是起风的日子，在这样的日子最适宜火攻。

从以上文字的分析中可以得出三点启示。

**（一）如果要做一件事情，就必须做到专业化的程度**

火攻是一件专业化的事情，孙子把它论述到了专业化的极致。

极为专业化地使用火攻能够取得重大的胜利，关于这一点在《三国演义》中可以找到大量的例证。

其实对于任何一个企业而言，专业化地做产品、专业化地做服务、专业化地做事情都是成功之道，关于这一点，从世界范围内成功的企业中可以找到大量的例证。

### （二）既然决心要做一件事情，就必须拿出专心的态度

此处所指专心的内涵既包括态度上的认真对待，也包括在方法上的仔细选择以及对于时机的准确把握。

行火必有因，烟火必素具。

发火有时，起火有日。

事在当下，功在平时。

如果没有专心的态度，今天想做这个，明天又想做那个，今天在这个企业谋生，明天又想到另外一个企业发展，这样的人做不好任何事情。

如果没有专心的态度，今天想生产这个产品，明天想生产那个产品，人家生产什么自己就想生产什么，人家在哪个领域投资自己就跟进投入哪个领域，这样的企业做不出品牌，也不会获得大发展的机会。

专心不是死心眼，专心做事不等于埋头苦干，而应该是会干。

会干的人懂得把握时机，知道在什么时期应该重点关注哪些要素，知道在平时就应该做好充分的准备。

专心首先要用心，其次要专一，要沉得住气，要深入地钻研，并且善用时机。

这样做事，一定能成功。

### （三）要做好一件事情，必须注重研究

只有深入地研究事情的所有细节，才能拥有把事情做好的必然把握。正如此处孙子论火攻之时，对于火攻的类型、火攻的准备、火攻的时机甚至是天文地理都进行了深入的分析并提出了明确的要求，有此准备，战必可胜。

专心做事，专业化地做事，以研究的态度做事，有此三者就一定能做成事，而且还能做大事。

这个结论适用于企业领导者。

这个结论也适用于企业高管和希望成为企业高管的一般员工。

# 三、获胜四原则与火攻三启示

其实，通观孙子兵法给人的第一感觉就是一个专业的人在讲一件专业的事情。

这种专业化的态度和水平在《火攻篇》中体现得尤其明显，除此之外，在此篇中还全面地反映了孙子所全力主张的"机动灵活""系统全面""因敌而变"和"积极备战"的作战原则。他说"凡火攻，必因五火之变而应之。火发于内，则早应之于外。火发兵静者，待而勿攻；极其火力，可从而从之，不可从则止。火可发于外，无待于内，以时发之。火发上风，无攻下风。昼风久，夜风止。凡军必知有五火之变，以数守之"。

凡是火攻，必须根据五种火攻类型所引起的变化而采取机动灵活的方略以对付敌人。在敌人营内发起火攻，要在敌营以外及早做好接应的准备。发起火攻以后，如果敌兵安静不动，我军就要静观其变而不要贸然进攻。等到大火烧完以后，再判断是否可以进攻，如果不能进攻就要马上停止。如果在敌营外面发起火攻，就不必等待内应，只要正确选择放火的时机就可以。在上风口放火，不要在下风口进攻。白天起风，夜间会停止。对敌作战必须深入了解五种火攻的变化，并在适合进攻的时候严加防守。

梳理以上文字，除了"机动灵活""系统全面""因敌而变"和"积极备战"这四个作战原则值得我们学习以外，从中我们还可以获得另外三个方面的启示。

## （一）分类做事，不搞一刀切

放火攻敌，看似放把火而已，可是在什么时间放火，放什么样的火，放火烧什么样的目标，这其中是大有学问的。

市场竞争，看似与对手比拼而已，可是在什么区域与对手比拼，与对手比拼什么样的产品或服务，在不同时期选择的对手是谁，为了什么而比拼，不比拼而合作行不行，这些都是企业经营者们必须时时思考的问题。

无论是什么样的对手，都采用相同的方法去竞争；

无论在什么样的区域，都为消费者提供相同的产品；

无论在什么样的时期，都采用相同的营销模式。

这样做企业，即使能够成功，但是一定不会可持续地成功。

成立于1949年的"美食公园"餐饮公司是美国一家家族经营性质的连锁企业，最初它只是一个名不见经传的路旁餐厅，现在已经发展到拥有员工8000多人的规模，经营范围横跨宾夕法尼亚州、俄亥俄州和西弗吉尼亚州，与"你好小酒馆""美味原生态饭店""宾夕法尼亚六厨房""门廊酒店"和"帕克赫斯特晚餐"同属于美食公园酒店集团。

美食公园酒店集团下属六个系列的餐饮公司分别针对不同的消费人群，主打不同口味和风格的餐饮项目，这种分类经营、分开管理、分别营销的模式取得了巨大的成功。

其中，"美食公园"经营大众快餐。

"你好小酒馆"注重为顾客提供城市环境中的新口味，它在经典和前沿共存的十字路口，组合提供最受消费者喜爱的和最新鲜的美食，它的沙拉组合有65种可供选择的食材，包括蔬菜、水果、各种豆子、肉、海鲜以及各种各样的料汁，此外还有美味的汉堡和三明治。

"美味原生态饭店"每天交替提供给顾客的是特征宜人、营养丰富、容易吸收的新鲜水果和蔬菜汁与果汁，它们是优雅的和健康的美食小吃。饭店制作的每一样食物都取自新鲜的、原生态的、高质量的原材料和可以确保营养价值最大化的食材。饭店的口号是：在你的日常生活当中，无论是开始一个果汁之旅或只是寻找一个轻松愉快的方式来增加更多的营养，美味原生态都会满足你的需要。

"宾夕法尼亚六厨房"是一个休闲而优雅的美国餐厅，它为顾客提供非常具有特色的和体贴的美食。餐厅的菜单突出季节性的成分并采取了一个最新的方法来保证区域的经典。从餐厅厨房的储存和酱汁到自制的柠檬酒和特制的伏特加酒，每一样食物都是经过精心制作和认真准备的。在宾夕法尼亚州匹兹堡市文化街区的中心位置，现代化的两层餐厅可以提供私人活动的空间。当天气允许的时候，客人们可以充分利用餐厅露天屋顶酒吧去感受一种轻松和惬意。

"门廊酒店"是繁华的奥克兰区充满活力的心脏地带附近的一个餐厅，它坐落在美丽的大学广场边上，这是一个为你而来的新概念，它没有餐厅预订，注重服务于大学、社区和邻近公园的常客。门廊酒店利用取自合作农场的食材为顾客制作简单、新鲜且美味的食物。门廊酒店是一个可以记录真实日常生活的地方，是一个可以休闲和放松的餐厅，是一个特殊的场合或目的地，在这里你可以享受美景和声音，可以在无风的日子与新老朋友们喝着冷饮共同放松。

"帕克赫斯特晚餐"始于1996年，是专门为企业和私人高等教育机构在整个大西洋中部地区建立个人关系和体验真实烹饪的地方。作为一家以烹饪为中心的餐饮服务公司，餐厅为每一个人提供个性化的餐饮服务，为满足每个客户的特殊需求而定制高品质的服务项目。餐厅才华横溢的团队成员一起工作来创造创新的菜系，以满足不同人群的需求。通过这种独特的方法，餐厅将自己定位为现场用餐的领导者。

除了以上六个系列的特色餐饮以外，美食公园酒店集团还有一个在线商店即微笑曲奇网站，它可以向全美各地提供集团自制的、新鲜烘焙的、手工冰制的微笑曲奇。微笑曲奇网站可以让你轻松地与任何一个人在任何时间和任何地点去分享微笑。公司著名的微笑曲奇被做成庆祝的心形、三叶草、小兔子和南瓜灯，非常适用于各种各样的节日以及特殊的场合。除此之外，公司还可以提供各种各样的颜色组合。顾客也可以定制曲奇以配合婚礼的颜色、运动队、企业标志乃至更多！

分类经营，细分市场，迎合各种消费者的需要分别做出专业化的产品，并提供专业化的服务，而不搞一刀切，这是美食公园酒店集团的成功之道。

这是一条可以为绝大多数企业借鉴的阳光大道。

### （二）目标导向，不拘教条

对敌作战要因敌变化而变化，市场竞争要因对手变化而变化。

目标既定，放火烧敌，这是不变的；但是方法选择可以变化，可以灵活多样，具体是从内部放火，还是从外部放火，放火以后是进攻还是不进攻，不能一概而论。

目标既定，战胜对手而不被对手打败，这是不变的；可是如何与对手展开竞争，是从技术上领先，还是从服务上制胜，是联合他人一起发动进攻，还是单打独斗正面出击，这也不能一概而论。

### （三）换位思考，善做防护

放火攻敌，有五种类型可供选择，有各种时机可以把握，有各种事项需要注意，有很多事情需要研究。

我方是这样想的，那么敌人就不会这样想吗？

如果想到了敌人会怎么想，我方就要做出相应的防护，以避免受到敌人发起如我方一样希望发起的进攻，这样才可以立于不败之地。

致人而不致于人也。

# 四、追求战胜者更加强大的目标

看过《三国演义》的人都知道，在两军对战的时候，除了火攻以外，还可以采用水攻。

在中国古代火攻的战例很多，而水攻的战例也不少。

孙子认为"以火佐攻者明，以水佐攻者强"，即用火来辅佐进攻的效果是明显的，用水来辅佐进攻的势头是强劲的。

可是，在火攻与水攻两者之间，孙子更看重火攻，其理由是"水可以绝，不可以夺"，即水可以分隔敌军，但却不能夺取敌军的物资。

这反映了孙子一贯的作战原则，那就是战胜敌人的同时必须强大自己，否则战胜了敌人却削弱了自己的力量就是得不偿失。

在市场竞争过程中，也应该坚持这样的原则，具体表现为以下三点：

（1）与对手展开公平、公开的竞争，通过竞争给双方都带来了压力，也提供了动力，从而使双方都能够得到发展。

这就如同可口可乐与百事可乐的竞争，以及波音公司与空中客车的竞争，它们展开竞争的目的不是谁消灭谁，而是比谁家的技术、产品、服务更好，更能吸引消费者，竞争的结果是双方都在发展，都在成长，都获得了成功。

（2）与对手合作，双方共同开发某种技术，或者共同完善某种服务，最终双方都赢，都获利。

（3）坚决不要发起价格战之类的竞争，不要在与对手竞争的过程中损失自己的实力，不要因为双方的竞争而忽略企业产品、服务以及整体形象的提升，更不要因为双方的肆意拼杀而破坏掉整个产业的前途。

# 五、基于利害关系的判断，慎重看待作战

在此篇的结尾，孙子跳出火攻的范畴而提出了他的另外一个重要作战原则，那就是"慎战"。很多人因为孙子兵法而把孙子看作是"主战者""重战者"，是喜欢战争的"投机者"，这显然不符合事实。

作为军事世家出身的孙子，见多了战争给本国人民和他国人民带来的伤害，深知战争之不易，深知战争对于国力的损耗，所以才提出了"全胜"的最高目标，即"不战"而"屈人之兵"。在他看来，这才是上选，而最次的选择才是伐兵和攻城。

以下所论就是他的慎战思想：

"夫战胜攻取，而不修其功者，凶，命曰'费留'。故曰：明主虑之，良将修之，非利不动，非得不用，非危不战。主不可以怒而兴师，将不可以愠而致战；合于利而动，不合于利而止。怒可以复喜，愠可以复悦，亡国不可以复存，死者不可以复生。故明君慎之，良将警之，此安国全军之道也"。

作战取胜，攻取城邑以后而不知适可而止、停止战争的一方是危险的，这种情况就叫作"费留"。所以说：明智的君主对此要慎重地考虑，优秀的将领对此要认真地研究，没有好处不要行动，没有收获不要用兵，没到危急关头不要作战。君主切忌不要因为愤怒而起兵，将领不可因一时恼怒而出战；符合国家利益时才行动，不符合国家利益时就停止。愤怒可以重新转化欢喜，恼怒可以重新转化为喜悦，但是国家灭亡了就不可能再重建，人死了就不能再复活。所以明智的君主一定要慎重，优秀的将领一定要警惕，这是关系到安定国家，保全军队的重要原则。

在"慎战"的思想中，也包含着孙子一直所强调的"利害观"，"合于利而动，不合于利而止"，"非利不动，非得不用，非危不战"，这才是最聪明的作战原则和要求，同时它也是企业经营的重要法则。

此外，切忌冲动也是作为高层次领导的一个重要品质。一时兴起，然后做了决定；一时冲动，然后进行了投资，这些都不是明智的企业家应该做的事情，当然也不是企业高管应该采用的工作方式。

# 第十九章

## 信息知敌，情报制胜

### ——《孙子兵法》第十三篇

## 用间第十三

孙子曰：凡兴师十万，出征千里，百姓之费，公家之奉，日费千金；内外骚动，怠于道路，不得操事者七十万家。相守数年，以争一日之胜，而爱爵禄百金，不知敌之情者，不仁之至也，非人之将也，非主之佐也，非胜之主也。故明君贤将所以动而胜人，成功出于众者，先知也。先知者，不可取于鬼神，不可象于事，不可验于度，必取于人，知敌之情者也。

故用间有五：有因间，有内间，有反间，有死间，有生间。五间俱起，莫知其道，是谓神纪，人君之宝也。乡间者，因其乡人而用之；内间者，因其官人而用之；反间者，因其敌间而用之；死间者，为诳事于外，令吾闻知之而传于敌间也；生间者，反报也。

故三军之事，莫亲于间，赏莫厚于间，事莫密于间。非圣贤不能用间，非仁义不能使间，非微妙不能得间之实。微哉微哉！无所不用间也。

间事未发而先闻者，间与所告者皆死。凡军之所欲击，城之所欲攻，人之所欲杀，必先知其守将、左右、谒者、门者、舍人之姓名，令吾间必索知之。必索敌人之间来间我者，因而利之，导而舍之，故反间可得而用也；因是而知之，故乡间、内间可得而使也；因是而知之，故死间为诳事，可使告敌；因是而知之，故生间可使如期。五间之事，主必知之，知之必在于反间，故反间不可不厚也。

昔殷之兴也，伊挚在夏；周之兴也，吕牙在殷。故明君贤将，能以上智为间者，必成大功。此兵之要，三军之所恃而动也。

# 一、概述

孙子兵法第十三篇主要谈用间，也就是如何使用间谍以获取情报。

获取敌方情报是"知敌"的重要方面，而"知敌""知己""知天""知地"，是孙子所主张的战前必须要做的四门功课。这四门功课用现代企业战略管理的视角看，就是要做好"PEST＋N分析""5＋1力模型分析"和"SWOT分析"。

其中，"PEST＋N分析"的主要作用是帮助企业了解和掌握外部环境，准确找到企业融入环境的路径与方向，并充分利用政治法律、经济、社会文化、技术和互联网五大领域环境因素的积极影响，构建最有利于企业发展的战略框架和运作模式，以帮助企业更好地参与企业竞争。

其中：P是政治的因素，英语是Political；E是经济的因素，英语是Economical；S是社会的因素，英语是Social；T是技术的因素，英语是Technological；N就是互联网，英语是Net。

"5＋1力模型分析"法要分析的其实是六种力量，包括供应商、同行竞争者、顾客或者买方、潜在竞争者、替代品竞争者和互联网平台公司。通过对这六种力量的分析，可以明确企业在产业中的发展定位，找到企业的盈利区间，并帮助企业确定发展的重点。

"SWOT分析法"最接近于孙子兵法所讲的知彼和知己的分析，它要分析的内容包括我方有什么优势，有什么劣势，有什么机遇，有什么挑战，以及对方有什么优势，有什么劣势，有什么机会，有什么挑战。其中，S代表优势，英语是Strength；W代表劣势，英语是Weakness；O代表机遇，英语是Opportunity；T代表威胁，英语是Threat。

S和W是企业内部发展影响因素，代表着企业的强项和弱项；

O和T是企业外部发展影响因素，代表着环境中存在的机遇和威胁。

企业进行SWOT分析的目的就是要找出企业的强项和弱项，确定企业现在和将来可能面对的机遇与挑战，并据此形成企业发展的战略态势判断，从而选择最有利于企业的战略发展措施。

以上所说的三种方法是现代企业战略分析最常用的三种方法，它们在使用过程中，始终要坚持的导向就是孙子所说的"知己""知彼""知天"和"知地"。而关于"四知"的重要性，孙子用两句话就把它们说得非常清楚了。

第一句出现在第三篇《谋攻篇》中，他说"知己知彼，百战不殆；不知彼而知己，一胜一负；不知彼不知己，每战必败"。

第二句出现在第十篇《地形篇》中，他说"知彼知己，胜乃不殆；知天知地，胜乃可全"。

关于这两句话的解读可以参见前文。

如何实现"四知"中的"知彼"，也就是"知敌"，需要借助的方法就在本篇中。

# 二、重视竞争情报

在此篇的开头，孙子又用另一种语气强调了"知敌"的重要性，他说："凡兴师十万，出征千里，百姓之费，公家之奉，日费千金；内外骚动，怠于道路，不得操事者七十万家。相守数年，以争一日之胜，而爱爵禄百金，不知敌之情者，不仁之至也，非人之将也，非主之佐也，非胜之主也。故明君贤将所以动而胜人，成功出于众者，先知也。先知者，不可取于鬼神，不可象于事，不可验于度，必取于人，知敌之情者也。"

在这些语句中不仅包含着关于"知敌"的深刻见解，而且还因此形成了对于高层次人才的判断标准，以及要求成功人士必须具备的能力之一。

其主要意思是：凡是发动十万军队千里攻击敌人的，需要百姓的花费加上国家的开支每天耗费千金。此外，前方与后方共同忙碌，运送物资，需要占用的人力多达七十万家。为了取得一时的胜利，需要敌我双方对峙几年。在这种情况下，如果还吝惜爵禄和金钱，而不愿意重用间谍以获取敌方情报的，实在是太不仁义了，这样的人不配做民众的将军，不能胜任国君的辅佐，也不可能主宰胜利。所以贤明的君主和优秀的将领，之所以战则能胜，比一般人更为成功的原因就在于他们事先能够探明敌情。想事先探明敌情的人，不可以求助鬼神，不可以类比推测，也不可以推验星辰运行，一定要取之于人，取之于知道敌情的人。

分析这些话可以得到以下五点启示：

（1）战争耗费巨大，不易，所以要慎战。

关于这一点，此处与前面第二篇《作战篇》相呼应，在《作战篇》中，孙子说，"用兵之法，驰车千驷，革车千乘，带甲十万，千里馈粮。则内外之费，宾客之用，胶漆之材，车甲之奉，日费千金，然后十万之师举矣。其用战也胜，久则钝兵挫锐，攻城则力屈，久暴师则国用不足。夫钝兵挫锐，屈力殚货，则诸侯乘其弊而起，虽有智者不能善其后矣"，讲的也是这个意思。

（2）战胜不易，所以必须要借助间谍获取情报。否则，"不知敌之情者，不仁之至也"。

（3）不善于使用间谍获取情报的将领不是优秀的将领，"非人之将也，非主之佐也，非胜之主也"，这样的人才不可用。

（4）但凡成功的人士都具有事先探知敌情的意识和能力，"故明君贤将所以动而胜人，成功出于众者，先知也"。

（5）获取情报的最好方法只能借助人力实现，借助其他非人力的因素都不可靠。

把以上五条启示对接企业经营，也可以生成另外五点启发：

（1）市场竞争需要双方付出很高代价，任何一方想要获胜都不容易，所以大家应尽量寻求合作而不是厮杀。

（2）想要在市场竞争中获胜，必须重视竞争情报的收集、管理和使用，必须建立企业内部的信息化管理系统，以及对外的数据分析中心。

很多企业没有竞争情报部门，没有竞争情报人员，甚至没有数据采集和分析的工作设计，如此盲目地面对市场，如此不知情地参与竞争，想赢真的不容易。

（3）在现代社会，不重视企业信息化管理和竞争数据使用的企业家不是优秀的企业家，不懂得利用竞争情报和数据为企业创造收益的企业高管不是优秀的高管。

指挥作战需要情报，经营管理需要数据，没有情报进行指挥是胡指挥，没有数据进行管理是乱管理。胡乱指挥和管理，最终的结果只能是失败。

（4）但凡想要成为优秀领导者的企业人，必须广泛关注经济信息，深入了解政治和经济形势，充分研究国家战略和产业政策，全面掌握各种类型的数据，以及尽可能多地获取竞争对手的情报。

在古代，"四知"者可以胜敌；

在现代，"四知"者可以成功。

（5）在现代社会中，虽然有各种先进的工具和方法可以帮助人们获取信息和数据，但是在数据与信息的使用方面，必须充分发挥人的主观能动性，而不能完全依赖机器。

# 三、重视竞争情报人员

在现代社会中，借助互联网的应用，获取情报、分析信息、使用数据已经变得相当容易。

可是，在中国古代却没有那么容易，甚至要付出巨大的代价。

正是因为代价巨大，所以孙子才语气坚定地告诫人们，一定要厚待那些能够获得情报和可以提供情报的人，"故三军之事，莫亲于间，赏莫厚于间，事莫密于间。非圣贤不能用间，非仁义不能使间，非微妙不能得间之实。微哉微哉！无所不用间也"。

在处理三军事务时，没有什么人会比间谍更亲密，没有什么人可以获得比间谍更多的赏赐，没有什么事情比使用间谍还机密。如果不是才智卓越的人，是不能使用间谍的；如果不是仁义的人，是不能使用间谍的；如果不是心思神妙的人，就看不出间谍的真伪。微妙啊微妙！没有什么地方是不需要间谍的。

# 四、五种获取情报的方法

"用间不易，凡战必间"，这对于任何一个领军者都是一种挑战，怎么办呢？这就需要充分使用五种间谍，因此孙子说"故用间有五：有因间，有内间，有反间，有死间，有生间"。

什么是"因间"呢？就是因其乡人而用之，这里所说的乡人是指敌国的乡野之人。

什么是"内间"呢？就是因其官人而用之，这里所说的官人是指敌国的官吏。

什么是"反间"呢？就是因其敌间而用之，如何使用敌间呢，通常有两种方法，一种方法是策反敌人的间谍为我所用，另一种方法是误导敌人的间谍为我所用。

　　什么是"死间"呢？就是为诳事于外，令吾闻知之而传于敌间也，向外传递假情报，让我方间谍知道后传给敌方的间谍。

　　什么是"生间"呢？就是反报也，这是最理想的状态，我方间谍安全返回国内并报告敌情。

　　"五间俱起，莫知其道，是谓神纪，人君之宝也"。

　　这五种间谍同时并用，而没有人知道其中的规律，这就是使用间谍的高明之处，它是国君的法宝。

　　知易行难，知道有五种间谍的存在容易，而如何使用这五种间谍却非常困难，为此，孙子说"间事未发而先闻者，间与所告者皆死。凡军之所欲击，城之所欲攻，人之所欲杀，必先知其守将、左右、谒者、门者、舍人之姓名，令吾间必索知之。必索敌人之间来间我者，因而利之，导而舍之，故反间可得而用也；因是而知之，故乡间、内间可得而使也；因是而知之，故死间为诳事，可使告敌；因是而知之，故生间可使如期。五间之事，主必知之，知之必在于反间，故反间不可不厚也"。

　　用间的方案还没有执行如果就有人知道了，那么这个间谍与他所告诉的人都要处死。凡是想要攻击某支军队，或者进攻某座城邑，或者斩杀某个人物，必须事先知道他的守将、警卫、守城门的人以及看守官署人的名字，命令我方间谍必须打听这些信息。必须挖出刺探我方军情的敌方间谍，然后对其加以利用，诱导之后加以释放，这样就能使用反间了。根据反间的情报才能判断，乡间和内间是否可以使用。根据反间的情报才能判断，死间是否可以制造假情报，并将此报告给敌人。根据反间的情报才能判断，生间是否可以如期往返。五种间谍的情况，国君必须都要了解，了解这些内容必须立足于反间，所以一定要厚待反间。

　　说到反间，凡是看过《三国演义》的人都知道，在这部小说中描写了大量的反间计，而其中最为经典的就是蒋干盗书。

## 五、努力获取大情报

　　在此篇的结尾，孙子再次强调了用间的重要性，他说"昔殷之兴也，伊挚在夏；周之兴也，吕牙在殷。故明君贤将，能以上智为间者，必成大功。此兵之要，三军之所恃而动也"。

先前商朝的兴起是因为伊挚这个人在夏朝做过间谍；周朝的兴起是因为姜子牙在商朝做过间谍。所以说，贤明的君主和优秀的将领，他们能够使用有大智慧的人做间谍，因此就可以成就大功业。这是用兵的关键，三军必须借助他们所提供的情报而部署行动。

伊挚是商朝开创者商汤的国相，也是商朝建立的大功臣。

姜子牙是周文王和周武王的国相，也是周朝建立的元老。

这两位在商朝和周朝都是位极人臣的角色，都是响当当的人物，可是看他们的经历，其中都有过做间谍的历史。也正是因为他们分别在前朝做过间谍，才能够熟悉前朝的一切政务、人情和军事，才有智慧帮助自己的主君赢得替代前朝的胜利。

所以孙子说，能以上智为间者，可以成就大功业。

在现代，如果两家企业竞争非常激烈之时，挖对方一名高管加入自己企业虽然不是正大光明的做法，但是却可以收到一招制敌的效果。

当然，为了防止自己企业高管流入竞争对手一方，每一家企业都应该提前采取积极的预防措施。

# 参考文献

［1］陈曦．孙子兵法［M］．北京：中华书局，2011.

［2］汤漳平，王朝华．老子［M］．北京：中华书局，2014.

［3］张晏婴．论语［M］．北京：中华书局，2006.